世界を50年間も放浪し続け学んだCOOLで自由な人生哲学

ロバート・ハリス著

NORTH VILLAGE

思い返してみよう。
子供の頃、
自分はどんな大人になりたかったのかを。
夢で描いた漠然とした偶像のような自分でも構わない。
職業でも、肩書きでもなく、
「どんな感じ」の雰囲気、立ち振る舞いの
大人になりたかったのかを。

理想の自分になれていなくても構わない。
でも、むかし思い描いた理想の自分と、
現実社会で思い通りにいかず、
どこかもがいている今の自分との、
妥協点について少し考えてみよう。
それが、大人になった今の自分が、
世の中や現実を知った上で、最低限、
絶対に譲ってはいけない自分の「格好良さ」。

自分の人生を一つの物語と捉えた時、
その主人公は、少し歳をとってしまった親、
理不尽な上司、困っている友達、
たまたま飲みの場で居合わせた
赤の他人の前で、
どのように立ち振る舞うだろうか？

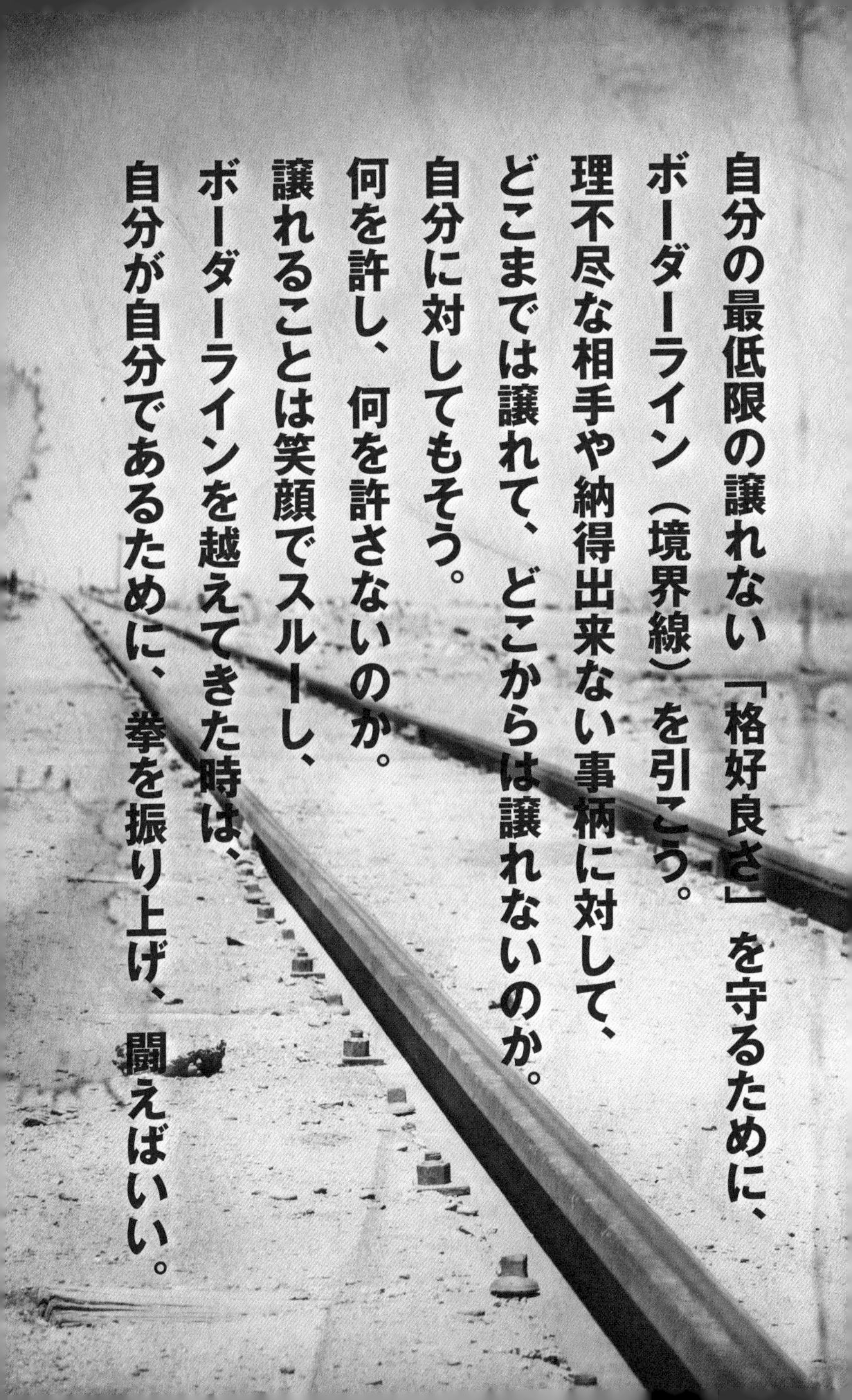

自分の最低限の譲れない「格好良さ」を守るために、
ボーダーライン（境界線）を引こう。
理不尽な相手や納得出来ない事柄に対して、
どこまでは譲れて、どこからは譲れないのか。
自分に対してもそう。
何を許し、何を許さないのか。
譲れることとは笑顔でスルーし、
ボーダーラインを越えてきた時は、
自分が自分であるために、拳を振り上げ、闘えばいい。

「格好良さ」を守るために闘い、
たとえ目先の何かを失ったとしても、
一番大事なモノを守ることが出来たのだから、
後悔なんかしないさ。

CONTENTS

CHAPTER 3

FRIEND-SHIP

社会からはみ出した時なお、
残っているもの、
それが友情である。

CHAPTER 4

MEN & WOMEN

人生に一度は、
恋に狂って生きた方がいい。

CHAPTER 5

TRAVEL

この一度限りの人生に、
愛と自由と冒険を。

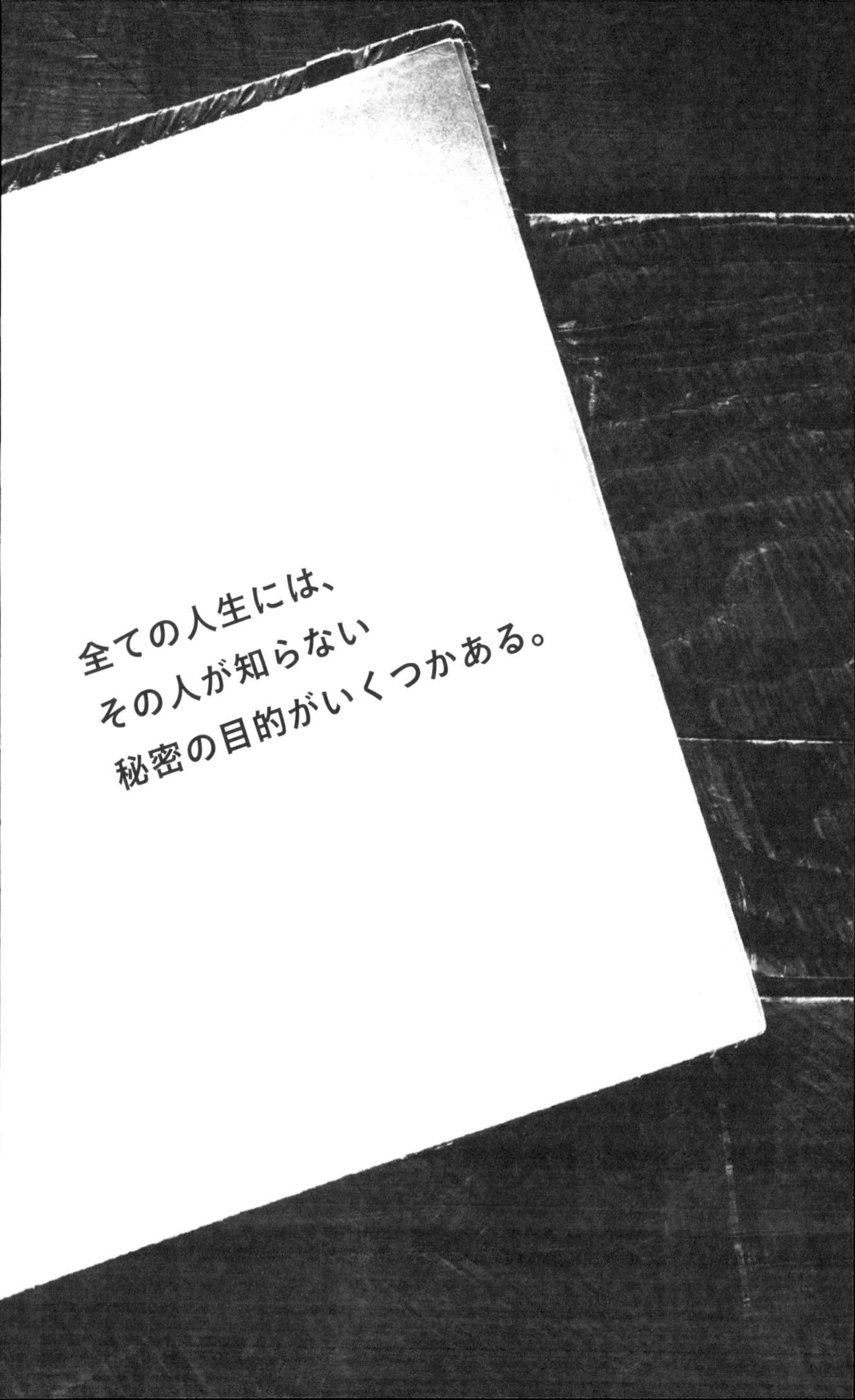
全ての人生には、
その人が知らない
秘密の目的がいくつかある。

CHAPTER 1
LIFE

LIVE YOUR OWN STORY

自分独自の物語を
追及して生きる。

01

☞ LIFE

いつの頃からだったか忘れたけど、僕は自分の人生を物語と捉えて生きるようにしてきた。

いつか、自伝を書けるような波乱万丈な人生を送ってやるんだ、と大学生の時に思ったんだけど、きっとその頃から自分の道のりをドラマ化して、それを俯瞰して見るようになったんだと思う。

もちろん、人生は映画や小説とは違う。そのほとんどが特筆するようなことなんて何もない、普通の日々の積み重ねから成り立っているんだけど、それでもその道のりの随所に、ドラマのチャンスが待ち受けている。

例えば、僕は大学生の時から英語の教師の仕事をしていて、ひと月に何十万という、当時としては破格のギャラを稼いでいたのだけど、大学を卒業するとすぐに貨物船に乗り、世界に旅立っていった。あのまま英語の教師をしていれば、安定した生活は保障されていたけど、僕は放浪という冒険をとった。安定よりはドラマを取ったんだ。

放浪は20年近く続いたけど、思った通り、数々の波乱に満ちたドラマを提供してくれた。

僕は後に、自伝を出版して、夢の一つを叶えたんだけど、この放浪の物語は、その自伝の核を成す内容のものとなった。

僕がシドニーでコーディネイトの会社を共同経営していた時、日本のファッション・ハウスのカタログ撮影の仕事が入ってきた。モデルのオーディションがあって、スタジオで撮影が始まった。モデルの一人にハディアという、ワイルドな雰囲気を漂わせたブラジル人の女性がいた。１８０㎝は優にある、小麦色の肌をした、とびきりの美人だった。彼女はなぜか僕に興味を示し、家に遊びに来ないかと誘ってきた。僕は当時、二番目の、オーストラリア人のワイフとの関係が暗礁に乗り上げていて、それを何とか修復しようと四苦八苦していたので、これ以上人生を複雑化したくないと思った。でも、結局は彼女の誘いに乗って訪ねて行った。誘惑に屈した、と言えばそれまでのことだし、確かにそれもそうなんだけど、このワイルドなブラジル人の女性にドラマを感じ、何がなんでもその中に飛び込んでいきたいと思ったんだ。

思った通り、僕とハディアは磁石のように惹かれあい、すぐに恋に落ちた。そしてそれからオーストラリア、日本、香港、アメリカと、お互いを追いかけて世界を

01

LIFE

飛び回るラブアフェアに奔走した。

僕はそのうち、オージーのワイフと別れ、ハディアもイギリス人の夫と別れ、僕達は日本で一緒に暮らすようになった。近い将来、彼女の生まれ故郷のブラジルのベロオリゾンテで暮らそうと約束し合い、婚約までした。でも、結局二年半で別れてしまった。お互いの情熱が強すぎて、僕も彼女も疲れ果ててしまったんだね。でも、彼女との恋愛は予想した通り、まるで映画か小説のような激しいドラマに満ちていた。

ここに挙げたのは2つの極端な例だけど、僕は今でもこうして自分独自の物語を追及して生きている。ドラマかドラマ無しの安全な道かという岐路に立った時、僕は十中八九、ドラマの方を選んでいる。

人生は物語だ。

FAKE IT TILL YOU MAKE IT

**自分が一番強いと
信じることだ。
そうでなければ、
強いフリをしろ。**

02

LIFE

僕は人生のほとんどを組織に属さないで、フリーで色々なことをやってきた。そんな僕にとって大切なことは、ハードワークと、目上の人間をリスペクトする心と、寛容さと、優しさと、人と上手くやっていく処世術と、知的好奇心と、健康と、そして、ある程度のハッタリの精神だと思っている。

僕の言うハッタリとは、

出来そうにないことも出来ると自分で信じ込み、人にも信じ込ませ、それを何とか最後まで上手くやりきることだ。

僕は中学三年で英語を教えるバイトを始めたのを筆頭に、今まで50近い仕事をしてきたが、そのほとんどはハッタリで始めたものだ。少年少女のための英会話学校で英語を教えてみないかと言われた時、そんなの無理に決まっていると思ったが、バイト代が欲しいので始め、大学を卒業するまで、予備校から企業の研修校、塾や英会話学校などで何とかちゃんと英語を教えてきた。

シドニーでボヘミアンなブックショップをやろうと思った時も、本当に僕にそんなことが出来るんだろうかと思ったが、それが結局は、みんなの記憶に残るような、最高にボヘミアンなブックショップになった。

同じシドニーのテレビ局で日本映画の字幕翻訳の仕事をやってみないかと言われた時も、全然自信はなかったが、「もちろん出来るさ」と言ってのけ、5年間、立派に字幕の仕事をやりきった。

映画『マッドマックス』を作った映画会社でオーストラリアの捕虜収容所での日本兵の捕虜の大脱走を扱ったテレビドラマのアドバイザーの仕事をしていた時のこと。日本人の登場人物の描写もセリフもあまりにもひどかったので、それを伝えると、「じゃあ、お前が書いてみろよ」と言われ、自信は全くなかったが、「もちろん書けるさ」と断言した。そして何とか書いたら、その年のベストドラマ脚本賞をグループ受賞してしまった。

日本に帰って来て、ラジオのDJをやってみないかと言われた時も、そんなの無理無理と思ったが、失業していたのでどんな仕事でもやらなければと思い、オーディションを受けたら受かってしまい、22年後の今もDJの仕事を続けている。

「自叙伝を書いてみないか」とフリーの編集者に言われた時も、「こいつ、何を考

02

☞ LIFE

えてんだろ。頭おかしいんじゃないの」と思った。僕は確かに若い頃から作家になる夢を持っていたが、それは英語の作家になる夢で、日本語の教育も受けていないし、本は読めるが漢字はほとんど書けない人間だ。でも、せっかくのチャンスだったので、ふたつ返事でオーケーしてしまった。大変だったのはそれからで、初めのうちは原稿用紙一枚書くのに何時間もかかる時もあった。日本の現代文学を読み漁って日本語で文章を書くノウハウを一から勉強した。結局、本が出来上がるまでに二年かかったが、あれから僕は15冊以上の本を書いてきたし、小説も詩も出版してきた。自分でもよくやったなと思うのだが、未だに文章を書く自信はそれほどなくて、出版社や雑誌社や企画会社が文筆の仕事を依頼してくると、「この人達、なんで僕がそんなもの書けると思ってんだろう?」と、どうしても不思議に思ってしまう。それでも、もらえる仕事は出来る限り受けているんだけどね。

もちろん、上手くいかなかったものもある。若い頃はロックンローラーになるのが夢で、バンドのボーカルをやってみたが、全くダメだった。ほんの6年前にもライブハウスで何回か歌うこともやってみたが、どんなに練習をしても、僕には人様の前で歌えるだけの才能はないというのが嫌というほどよく分かった。

シドニーにいた時、ヌードモデルの仕事も引き受けたのだけど、これも失敗だった。僕はその頃、腹もしっかりと割れていて、体には自信があったのだが、ポーズしているうちに人前で裸でいるのが気持ち良くなって下のナニの形状が途中で変わってしまい、クビになった。

なんか、自慢話のようになってしまったが、僕がここで言いたいのは、たとえ自信が全く無くて、ハッタリで引き受けてしまった仕事でも、何とかがむしゃらに頑張って最後までやり遂げれば、意外と上手くいく場合が多々ある、ということだ。何かに自信を持つということはもちろん素晴らしいことだが、そうなるまでにはたゆまぬ努力が必要だし、人間、自信が無くてもやってみたら何とかなる時もあるのだ。重要なのは、

受けた仕事は死に物狂いで頑張ってやり通すこと。そして、途中で弱音を吐かないことだ。

僕はあの偉大なヘビー級ボクシングチャンピオンのモハメド・アリのこんな言葉が好きだ。

02

☞ LIFE

「偉大なチャンピオンになるには、自分が一番強いと信じることだ。そうでなければ、強いフリをしろ」

この意味で言えば、僕は今でもいっぱしのＤＪと作家のフリをして、日々頑張っている。

人生には
ハッタリも
必要だぜ。

本は世界を広げてくれる最高のものだぜ。

僕の若い頃は、普通にワルだった。13歳ぐらいの時からタバコを吸っていたし、殴り合いの喧嘩もよくやった。カンニングなんかもしょっちゅうやっていた。勉強もほとんどしなかったので、成績は常にクラスのビリだった。馬鹿じゃなかったんだけどね。勘は良かったし、頭の回転もそれなりに早かったと思う。

ある時、クラスでいつも成績がトップだった奴に「お前の親父は高校すら卒業しなかったんだってな。だからお前も馬鹿なんじゃないの」と言われ、頭にきたので猛勉強して、二学期にはそいつを抜いてクラスのトップになった。

でも、学校の勉強にこれといった興味が持てなかったので、すぐにトップの座を明け渡し、その後は真ん中あたりを彷徨うようになった。

03

☞ LIFE

漠然とした毎日だった。友達はたくさんいたから、学校が終わると彼らと卓球やボウリングをしたり、町をほっつき歩いた。これは楽しかったけど、でも漠然としていたね。熱くなるものがなかったんだね。情熱を向けるものがなかったんだ。だから親父や学校の先生に「お前のような、遊ぶことしか能のない人間はろくな大人になれないぞ」と言われても、言い返す言葉がなかった。僕の心の中には僕の家族とか、学校とか、横浜の町だとか、女の子とのデートとか、そういう身近なものしかなく、とても狭い世界しかなかったんだ。

そんな僕が変わったのは本を読むようになってからだね。

中学2年ぐらいの時かな。クラスの友人が「マンガばかり読んでないで、たまには小説ぐらい読めよ」と言って、ヘミングウェイの『武器よさらば』をくれたんだ。本を手にとって実際に読み出すまでには時間がかかったけど、いざ読み始めたら止まらなくなった。こんなに面白いものがこの世にあったんだ、と感激したのを覚えている。

物語は第一次世界大戦下、イタリア前線で負傷した若いアメリカ兵が、看護婦と恋に落ち、脱走兵になって彼女と逃避行の旅に出るんだけど、最後には彼女を失ってしまう、というもの。

僕はまだ中学二年か三年生だった。恋もしていなければ、悲しい別れも経験していなかった。なのに主人公が恋に落ちた時は自分のことのように胸が苦しくなったし、彼が戦争の悲惨さから逃げ出したくなる気持ちも手に取るように分かった。そして、彼の恋人が死んでしまった時には泣きたくなるぐらい悲しかった。

一遍に世界が変わった気がして、感動したよ。身近なものしか存在しなかった僕の心の中に、まったく違う世界が広がっていったんだ。それからは本を読みまくったよ。

ヘミングウェイの他の小説や短編から手を付けて、その後は彼と同時代の作家のF・スコット・フィッツジェラルドやジョン・ドス・パソス、ジョージ・オーウェル、ジェームス・ジョイスなどの小説を次々に読んでいった。夢中になって読んだね。

毎週末、横浜の伊勢佐木町の有隣堂に通っては洋書のペーパーバックを買って、近くの喫茶店に入って時間を忘れて本の世界に没頭した。顔を本から上げて辺りを見回すと、いつの間にか店が人でいっぱいになっていたり、外が暗くなっていたり、雨が降っていたりしてね。そういう時はまるで長い旅から戻ってきたような不思議

03

☞ LIFE

な浮遊感に包まれた。

僕の心の世界もどんどん広がっていった。ヘミングウェイ達が活躍していた1920年代のパリやスペインの世界はもちろんのこと、ジェームス・ジョイスの本からギリシャ神話の世界に興味を持つようになって、ギリシャのホメロスや悲劇、喜劇作家の古典に夢中になったり、トルストイやドストエフスキーやツルゲーネフなどのロシアの文豪にはまったり、僕の心は世界中のあらゆる時代を駆け巡ったんだ。そして、そういう世界で展開されるロマンスや悲劇や苦悩や冒険や発見に心を揺り動かされたんだ。

それからの僕は自分でもびっくりするぐらい変わったね。自分の小さな世界しか知らなかった平凡な学生が、心の旅人になったんだよ。漠然とした毎日が、冒険や発見に満ちた毎日になった。熱くなるものがなかった僕が、文学に情熱を向ける喜びを知ったんだ。

学校の勉強は相変わらずつまらなかったし、別に成績が上がったわけではなかったけど、それからの僕は、親や先生に何と言われようと、動じなくなったね。

「あんたらがなんと言おうと、僕には広い世界があって、僕はそこをいつも旅してるんだ。心の旅人なんだよ。だからほっとけ」ってね。

一番自由な生き方は、自分のイメージに囚われないことさ。

人間って、自分のイメージやペルソナに囚われてしまったら、もう終わりだぜ。「僕はこういう人間だから」とか、「私はこういうことはしない人間ですから」と言う人をよく見かけるけど、そうやって決めつけちゃうのはどうかなと思う。

僕は僕のことがよく分からないし、今でも自分の本質というものをつかんでいない。謎なんだよね、自分っていう人間が。だから自分は日々、発見していくものだと思っている。

例えば、僕は常にオープンに人と接していきたいと思っているけど、それが出来ない時だってたまにある。相手によって急にシャイになったり、萎縮してしまったり、心を閉ざしてしまうことってあるんだよね。そういう時は、「へえ、こんなこ

04

LIFE

ともあるんだ。どうしてだろう？」と自問自答して自分について考えるんだ。

また、僕の自伝や紀行本を読んで、僕のことを「孤高の旅人」って呼ぶ人もいるけど、実は僕は一人旅がそれほど好きではないんだよね。

いや、もちろん一人で旅をする時もあるし、そういう旅をしなければいけない時もあるけど、僕は寂しがり屋なので、家族とか友達と旅をしているほうが性に合ってるんだ。もちろん、「僕は寂しがり屋なんだ」っていうのも一つのイメージで、このイメージに固執するつもりもないんだけどね。

肩書や地位や学歴や役職や所属している団体や会社を鎧のように身にまとっている人がいるけど、これも自分を枠の中に閉じ込めてしまう行為だよね。

一人で海外を旅してみると分かるけど、旅先では自分が東大を卒業したとか、なになに商事の課長代理だとか、偏差値がいくつだとか、田園調布に一軒家を持っているとか、そういうことは何の意味も持たなくなるんだよね。


重要なのは、自分がフレンドリーでオープンでちゃんと人とコミュニケーションが取れる人間なのかどうか。

旅人は社会的な鎧を全て脱ぎ捨て、裸の自分で勝負しないといけないんだよね。

人生もこれと同じさ。長い道のりなんだから、なるべく身軽に、裸の心をもって、軽やかに歩いていくのが一番。

自分のイメージなんかに囚われていたら成長も出来ないし、変化もしないぜ。そして何より、楽しく人生を謳歌出来ないよね。

DON'T
GET
STUCK
TO YOUR
SELF-IMAGE

シャワーは大切なリセットの儀式。

人が胸に抱えている思いや苦悩や苦痛を一番顕著に感じるのは、朝起きた時だと言われている。

我々の深層心理は寝ている間に心の中に溜まっている気持ちを整理しようとして夢を見たりするのだが、解消しきれない感情が目覚めた時にまとわりついているのだと。

僕の場合、このセオリーは正しいと思う。「あ～あ、また昨夜、バカをやっちまったよ」とハッとしてよく目を覚ますし、前日に経験した嫌な思いや、常日頃から気になっていることが、起きた時に一番強く感じられるからだ。

僕は毎朝、起きて紅茶を飲んだ後にシャワーを浴びるんだけど、この時にまとわりついている雑念や感情を洗い流すようにしている。

やり方は簡単だ。頭からシャワーを浴びながら、心の声に耳を澄ます。すると少しずつ気になっている感情や物事が浮かんでくる。怒りにまかせて娘に放った一言。それに対する後悔の念。なぜか上手くいかなかったラジオのインタビュー。先延ばしにしてしまったエッセイのアサインメント。

気になっている案件が一つ一つ脳裏に浮かんできては胸を騒がせる。僕は

それらを意識で受け止めると、胸に空気を吸い込み、大きく息を吐き出す。


それだけだ。後はシャワーを浴び、歯を磨き、髭を剃り、体を拭き、服を着ると新しい一日に向かってバスルームを後にする。

ちょっとしたリセットの儀式だが、これで僕はいつも心機一転したフレッシュな気持ちで一日を迎えることが出来るんだ。もちろん、先延ばしにしているエッセイは、書かないといけないんだけどね。

嫌な思いは
シャワーで洗い流す。

QUIT FOLLOWING YOUR HERO WHEN YOU GROW UP

20歳過ぎたら
ヒーローは持つな。

06

☞ LIFE

世の中には幾つになっても追っかけをやってる人間っているよな。

僕が言っているのはＡＫＢとかモモクロとかいったアイドルの追っかけじゃなくて、長渕剛だとか矢沢永吉だとかアントニオ猪木だとか桑田佳祐といった、カリスマのある男性スターの追っかけだ。

人間の趣味嗜好に文句をつけるのは好きじゃないんだけどさ、こういう人達がコンサートで熱狂的にハンカチを振ったり、水をぶっかけられるのを喜んだり、闘魂注入だかなんだか知らないけど、引っ叩かれるために列を作ったりしているのを見ると、どうしても興ざめしちゃうんだよな。

もちろん、僕にもヒーローはいたさ。若い時はミック・ジャガーやジョン・レノンやボブ・ディランを格好良いなと思ったし、本を読むようになってからはアルベール・カミュやヘンリー・ミラーやアルチュール・ランボーなどをロール・モデルにした。でも、一度も彼らのことを信奉したり崇めたりしなかったぜ。同じ人間じゃないか。

僕は思うんだけど、人は20歳ぐらいまでにはヒーローを捨てたほうがいい。成人式というか、大人への通過儀礼としてね。

もちろん、人生には道しるべとなる人達が必要だし、先人偉人達から学ぶことも多々あると思う。人を尊敬する心を持つことも大切だ。

でも、誰かに憧れ続けたり、信者的にフォローし続けるのは健全じゃないと僕は思うんだ。いくら彼らの仕草やセリフを真似て、憧れの存在に近づこうとしても、彼らになれるわけじゃないしさ。そんなことをしていたら、いつまでたっても自分を確立することは出来ないし、己の道を切り開いていくことも出来ないぜ。

そんなことをするよりは、不格好に見えてもいいからさ、がむしゃらに自分なりの生き方や美学を追及していくことさ。

いろんな壁にぶつかって、自力でそれらを乗り越えて、夢に向かって必死にもがき続けていくんだ。

ヒーローの前で集団的に熱狂して、陶酔するよりは、そうやって、一人で己の道を突き進んでいくほうが、ずっと格好良いと僕は思うんだよね。

CULTIVATE YOUR INTELLECTUAL CURIOSITY

文化はかじれるだけ
かじっておこうぜ。

07

LIFE

先日、美輪明宏さんが『徹子の部屋』に出ていて、こんなことを言っていた。

「今の日本の男には文化がないからね。これだと今に女性に置いてけぼりにされちゃうわよ」

美輪さんらしく、さらっと言っていたけど、僕もこれには同感だ。

最近は映画館や劇場に行っても女性の客が圧倒的に多いし、電車で男の大学生同士の会話を聞いていても、十中八九、テレビのバラエティ番組か漫画かゲームかお笑いの話で盛り上がっている。新聞のベストセラー本の欄を見ても、ビジネス書か自己啓発的なものがトップテンのほとんどを占めている。小説が載っていても、売れ筋の刑事ものとか恋愛ものが圧倒的に多い。僕は若い人間と話す機会も多いんだけど、彼らの多くは日本のポップカルチャーやゲームやSNS関連の事柄に関してはピンポイント的に詳しいんだけど、世界の文学や芸術や音楽や歴史や地理や風習や文化に関しての知識はめっぽう乏しい。海外へ行くのも最近は若い男性よりも女性の方が多いと聞くし、パリやニューヨークの美術館に行っても、日本の若い男の姿はほとんど見かけない。

僕は別に、みんながインテリとか文化人にならなければダメだって言っている訳ではないし、「最近の若者はこれだからいけない」的な爺臭い文句を言うつもりもないんだよ。ただ、今の日本の若者、特に若い男の教養の乏しさ、世界の文化や歴史に関する興味の薄さには、ちょっと危惧している。

ここで僕なりのちょっとしたテストを出すから、遊びのつもりでいいから、チャレンジしてみてくれないか？　いいかい？　いくぜ。

1. ムッソリーニって、誰？
2. アフリカの国を10、挙げよ。
3. ロシア文学の文豪を二人挙げよ。
4. エベレストを初めて登頂したのは誰？
5. オーストラリアの先住民族の名称は？
6. インダス文明って、今のどの国で発足した文明？
7. ゼウスって、誰？
8. ヌーベルバーグの映画監督を一人挙げよ。
9. 『異邦人』って、誰が書いた小説？
10. アメリカ合衆国の州の数は？

07

☞ LIFE

どうだい？　これは全て一般教養の問題なんだけど、もしこれを読んでる君が大学生か大卒だったとして、このテストを五つ以下しか答えられなかったら、ちょっと心配したほうがいいかもしれないぜ。

国が経済的な不況に陥ると、国民の目は自然と内に向けられ、外の世界に対する興味も薄れていくって言われているけど、文化に対する興味や教養が著しく低下していくことは、危惧すべき事象だと僕は思う。

文化は、それが日本のものであっても世界のものであっても、この地球に生きる全ての人間にとって、素晴らしい財産だ。これを忘れないで欲しい。世界で創造された全てのこと、世界が経験した全ての事柄が、我々にとっても、受け継ぐべく、そしてそこから学ぶべき、素敵な財産であり、大切な教訓なんだ。

内面を豊かにすることって、自分が持って生まれた真っ白なキャンバスにどれだけ多くの色と風景と物語と知識と愛と悲しみと友情と出会いと別れを塗りこんでいくかってことだと僕は思っているんだ。

このキャンバスのことを僕は心象風景って呼んでいるんだけど、例えばこのキャンバスに自分の個人的な体験しか描かれていなかったら、それはちょっと寂しい人生なんじゃないかなって僕は思う。でもそのキャンバスに自分個人の物語とドラマの他にオデッセイヤの航海が、トルストイが紡ぐ広大なロシアの風景が、ピカソの『グエルニカ』が、ベートーベンのピアノソナタが、ポール・ボウルスのサハラ砂漠の朝焼けが、タランティーノの『パルプ・フィクション』のビッグマックのシーンが、ヘミングウェイのパリのカフェが、先住民族のスピリチュアル・クエストの儀式が、シャガールの天使の舞う空が、シェヘラザードの『千夜一夜』が、チベットの『死者の書』が、ヒッチコックの『サイコ』が、ホアキン・ロドリーゴの『アランフェス協奏曲』が、村上春樹の羊男が描かれていたら、それはそれでかなり豊かな心象風景だと僕は思う。

このような風景を自分のキャンバスに塗りこんでいくためには、小説を読み、音楽を聴き、絵を鑑賞し、映画や劇を観る習慣を徐々に作っていけばいい。こういう習慣がない人間にとって、最初はかったるいかもしれないけど、楽しいもの、面白いものから始めればいい。信頼出来る友人や先輩に面白い小説や映画やＣＤを推薦

07

LIFE

してもらってトライしてみる。暇な時間があったら思い切って六本木の新国立美術館へ行って、自分が気に入りそうな絵画展を見てみる。その帰り道、もしまだ時間があったら、単館映画館へ足を運んで、普段なら観ないようなアート系のフランス映画でも観てみる。

僕なら映画だったらアレハンドロ・アメナーバル監督の『海を飛ぶ夢』、アレハンドロ・イニャリトゥ監督の『アモーレス・ペロス』、フランソワ・トリュフォー監督の『大人は判ってくれない』、スタンリー・キューブリック監督の『博士の異常な愛』、シリル・コラール監督の『野生の夜に』、ガブリエレ・サルヴァトレス監督の『エーゲ海の天使』、ジュリアン・シュナーベル監督の『潜水艦は蝶の夢を見る』、マルセル・カミュ監督の『黒いオルフェ』、ジュゼッペ・トルナトーレ監督の『ニューシネマ・パラダイス』、バズ・ラーマン監督の『ムーランルージュ』、ピーター・ウィアー監督の『いまを生きる』あたりをまずはお勧めするね。

小説ならガルシア＝マルケスの『コレラの時代の愛』、JDサリンジャーの『フラニーとゾーイ』、アントニオ・タブッキの『インド夜想曲』、村上春樹の『世界の終りとハードボイルド・ワンダーランド』、レイ・ブラッドベリの『たんぽぽのお酒』、ヘルマン・ヘッセの『デーミアン』、村上龍の『コインロッカー・ベイビーズ』あたりから始めるといいと思うな。

とにかく、まずはこれらの一つにでも興味を持って、共鳴したり感動したりすれば、いいスタートになると思う。僕が思うに、知的好奇心って何かを面白いと思った時点から始まるんだよね。でも、学校では〝面白い〟を起点に文学や映画や絵画や歴史や音楽を教えない。勉強しなければいけないものとして教えようとする。だから興味が湧いてこない。知的好奇心に火が付かない。

文化の素晴らしさって、我々の内面世界を豊かにし、教養を身につけてくれるだけじゃなく、この知的好奇心ってやつを刺激してくれることなんだ。知的好奇心こそ、今、我々が持っていなければいけない武器だ。この武器は、我々を考える人間にしてくれる。政治家やメディアや官僚や権力者が言っていることを鵜呑みにするのではなく、物事を追及し、探求し、深く掘り下げ、比較し、検証し、対比する力を与えてくれる。今、世界で起こっている様々なこと…テロから宗教的な対立から経済格差から温暖化問題から日本という国のこれからの在り方まで、色々なアングルから考え、自分なりの見解や信念や理念を持つ力を与えてくれる。

07

☞ LIFE

悪いことは言わない。文化は、かじれるだけかじった方が良い。ものを詰め込む教育はそこそこやっておいて、暇があったらいい小説を読んで、いい絵画を鑑賞して、いい映画を観て、ロックを聴いて、ジャズを聴いて、クラシックを聴いて、ブルースを聴いて、アフリカ音楽を聴いて、ラテン音楽を聴いて、教養を身につけて、物事を自由に、しっかりと考えられる人間に自分を磨いていくって、大切なことだと思うんだ。

言っておくけど、ただのワルよりは、考えるワルになった方がずっと楽しい人生を歩んでいけるぜ。それは保証するよ。

ARE YOU
HAPPY?

幸せなんてのは、
日常の中にある
ふとした瞬間の中に
隠されているもの。

08

☞ LIFE

最近はいなくなったけど、ちょっと前までよく渋谷の駅前かなんかでカルト集団のメンバーと思われる若者が人の前にやってきては「あなたは幸せですか？」って聞いてきたよね。

僕はそういう時は決まって「うん、君が来るまでは幸せだったよ」と言うようにしていた。この人達、ユーモアのセンスがないからキョトンとしてたけど、それにしても失礼だよね。人のことを捕まえて「あなたは幸せですか？」なんてバカな質問をぶつけてくるの。

きっと彼らは、自分達の教団に入れば幸せになりますよって言いたいんだろうけど、そんなことあるわけないじゃん。

カルト集団じゃなくても同じさ。キリスト教の洗礼を受けようが、イスラム教に入信しようが、ヒンズー教に改宗しようが、人間ってそれからずっと幸せになるわけじゃないよね。幸せなんてものは途切れることなく続いていくものじゃないんだ。

そんなことは誰でも分かっているはずなんだけど、それでも我々は永遠に続く幸せのことを心のどこかで夢見て生きているんだよね。

「あの人と結婚出来たら…」「宝くじに当たったら…」「司法試験にさえ受かれば…」

「あのグルに一目会うことが出来れば…」「イエス様を心の中に受け入れさえすれば…」「子供さえ出来れば…」「悟りさえ開ければ…」

この永遠に続く幸せの神話って、きっと小さい時に読んだおとぎ話とか、宗教とか、ハッピーエンドが売りのハリウッド映画の影響とかが強いのだと思うけど、そう言った神話が我々から日々の小さな幸せを察知する感受性を奪っていると思うんだ。

小さな幸せを呼ぶもの…たとえば自分の子供の無邪気な笑顔とか、夕方の首都高から見える美しい夕焼けとか、気が置けない友人達と過ごす楽しいひとときとか、家族と食べる美味しい食事とか、庭に急に咲いたサボテンの花だとか、子犬の温もりだとか、読んでいる小説の中の美しいフレーズだとか、好きな女性との初めてのキスだとか…。

大きな、そして永続的な幸せばかり夢見ていると、このような、日常の中に存在するちょっとした幸せのモトというか、幸せの瞬間を見落としてしまいがちになるんだよね。

人間っていつかは死ぬ運命にあるので、自然と普遍的なものに憧れを感じてしまうのだと思うけど、いつか死んでしまうからこそ「今」という瞬間に目を向けて生きていかなければいけないと僕は思うんだ。

人生って「今」の積み重ねなんだよね。だから

08

LIFE

今、目の前で起こっている幸せを胸一杯感じて生きていくことが大切なんだ。

死ぬ前の一瞬に走馬燈のように人生の様々なシーンが目の前に浮かんでは消えていくって言うだろ？

浮かんでくるのはきっと、こういった小さな幸せを感じた瞬間のシーンだと思うんだ。そしてそれらを目にしながら、「うん、僕の人生もまんざらじゃなかったな」って心の中で納得するんだと思うんだ。それでいいんだよ。それが重要なんだよ。

永遠なんてものはさ、そういった日常の中にある小さな素晴らしい瞬間の中に隠れているものなんじゃないかな。つまり、「今」の中に永遠があるんだ。少なくとも僕はそんな風に思うんだよね。

ロバート・ハリスならどうする?!

09

LIFE

最近、僕の若い友達の間で「ロバート・ハリスならどうする?」というゲームが流行ったそうだ。

どんなゲームかというと、例えばレストランに入って美しい女性が目の前のテーブルに座っていたとする。友達AとBは何とか彼女と友達になりたいと思う。でも、どうしたらいいのかわからない。そこでAとBは「ロバート・ハリスならこの場合、どうするだろう?」と話し合う。

「まずは彼女に微笑みかけるんじゃないかな」とA。

「うん、そうだね。じゃあ、僕達もやってみようか?」とB。

「うん、そうしよう」二人はさっそく彼女に微笑みかける。でも、その美しい女性は彼らの笑みを見たとたんに不愉快な顔をし、その後はふたりのことを完全に無視する。

「この後も幾つかのシチュエーションで『ロバート・ハリスならどうする?』ゲームをしたんですけどね、一回も上手くいかないんですよ」Aが僕に語る。

「で、オレ達、なぜ上手くいかないのか、考えてみたんですけど、やっと理由が分かりました。何でだと思います?」

「何で？」

「それはね、オレ達がロバート・ハリスではないからです」Aはそう言うと大声で笑った。

そう、その通りなんだよ。

僕が持っているモノをあなたは持っていないはずだし、僕が持っていないモノをあなたは持っているはずだから。人間、やっぱり自分独自のやり方を開拓するべきなんだよね。

宗教で一番大切なものは優しさだぜ。

この本を読んでいる人の中にはなんらかの宗教的な探求や修行をしている人もいると思うけど、そういう人にはこの言葉を贈りたい。

「私の宗教はとてもシンプル。私の宗教は優しさです」

これはダライ・ラマ14世（現在のダライ・ラマ）の言葉だけど、僕もまさにそうだと思うんだ。

優しさを唱えない宗教なんて、クソ食らえと思った方がいいぜ。

威張った僧侶も坊主も神父も、クソ食らえだ。

精神的な道のりは、レースじゃないんだ。

先を行っている奴が偉いわけじゃない。

10

☞ LIFE

人間一人ひとりが、各々のペースで、自由に歩いていく道のりなんだ。先を行っている人をリスペクトするのはいいけど、崇拝してはいけない。そして先を行っている人が偉ぶってもいけないんだ。

欲ってものにも気を付けたほうがいいぜ。精神の解放とか、解脱とか、悟りとか、そういったものへの憧れが欲望に変わったら、それって物欲とか金銭欲とかと、何の違いもないぜ。ただの欲だよね。

人生って色々と大変だし、苦しい時もあるし、分からないことだらけだから、誰だって自由になりたいと思うし、真実を知りたいと思うよね。だからこそ人って宗教とか精神世界に走るんだけど、そこに人への思いやりや労りの心がなかったら、何の意味もないと僕は思うんだ。

みんな、優しい心と、感謝の気持ちを忘れないで、軽やかな足取りで歩いていこうぜ。探しているものが見つからなくても、思い描いたゴールに辿り着けなくても、歩いていることに意義があるんだ。あと、どんなに厳しい修行をしていても、自分を笑うだけのユーモアのセンスは忘れないようにね。

11

LIFE

自分のルールを作ろうぜ。

人間、どんなに自由に生きていても、ある程度のルールを持って、それを守っていったほうがいいと僕は思うんだ。社会の一員として生きていく、エチケットというか、マナーみたいなものだよね。僕のルールは次のようなものだ。

*弱い者は苛めない。

*強い者に尻尾を振らない。

*目上の人にはリスペクトを持って接する。

*あいさつをきちんとする。

*時間を守る。

*女、子供を殴らない。

*誰に対しても偉ぶらない。

*女を買わない。

*人の悪口を言わない。

*自分を売らない。

*愚痴をこぼさない。

*弱音を吐かない。

*仕事の手を抜かない。

*人に干渉しない。

*人に迎合しない。

*人を崇めない。

*後悔をしない。

*リーダーにはならない。

そのぐらいかな。

これを出来る限り守るようにしている。でも、もちろん、守れない時もある。そういう時はメチャクチャ後悔して、「後悔しない」というルールも破っている。

例えば、僕は最初の奥さんを一回、高一の娘を一回、そして26歳になる息子を何回か叩いている。これには今でも後悔している。

人の悪口も随分と言ってきた。友達に対しての悪口は出来る限り言わないようにしているけど、公の場にいる人間に対して悪口を言うのって結構楽しかったりするんだよね。でも、そうなる自分をなるべく反省するようにしている。

時間を厳守するようになったのは、シドニーでギャンブラーとして飯を食うようになってからだ。僕は家で賭場を開いていたんだけど、時間に遅れてくる奴にむしょうに腹が立った。せっかくみんなで楽しくゲームをしようというのに、なんで遅れてくるんだよってね。だから少なくとも僕は絶対に約束には遅れないようにしようと思った。仕事じゃなくて、遊びでそう思うようになったって所が僕らしいと言えば僕らしいんだけど、それからは仕事でも遅れないようになった。

僕の業界には時間に遅れることを自分の個性のようにしている人間が二人ほどい

11
LIFE

て（いや、きっと他にももっといるとは思うんだけど、この二人は特に有名なんだよね）、二人とも愛すべきキャラクターなんでここで敢えて名前は言わないけど、やはりそりゃ駄目だと僕は思うね。待っている人間に対して失礼極まりないし、仕事にも支障をきたすからね。それに、いくら芸能人だからといって、遅刻を名刺代わりにするなんて、ふざけてるよね。

僕がリーダーになりたくないのは、リーダーがいるようなグループが嫌いだからだ。どんなにリベラルなグループでも、リーダーには何らかの特権が与えられ、フォロワーにはある程度の従順さが求められる。この構造が僕は嫌いなんだ。

あと、やたらリーダーになりたがる奴っているけど、僕はこういう人間をあまり好きになれないんだ。権力欲って、一番厄介な欲望で、これを求めている奴を観察していると、そいつのエゴの強さがどうも鼻に付くんだよね。

僕は今、「ピース広島」っていう非営利の団体の会長と、「アレ☆アレ☆シネマトーク」っていうトーク番組のグループの中心的な役割を担っているけど、どちらのグループでも、リーダーにはなっていない。どちらでも僕が一番の年長者だし、メンバーは僕のことをリスペクトしてくれているけど、僕は、僕がいることによってみんなが安心して、楽しい気分になってくれる存在でいたいんだよね。だからどちらのグループでも、僕が一番バカを言って、みんなを笑わせるようにしている。メンバーのみんなも、一人ひとりが自立していて、個性に溢れていて、リーダーなんて必要としていない人ばかりだからね。これもいいんだよね。こういう人達とでないと、僕は楽しくやっていけないんだ。

あと、「強いものに尻尾を振らない」と「目上の人にはリスペクトを持って接する」ってことが相反しているように思う人もいるかもしれないけど、これは全然矛盾してないぜ。

自分の意見や信条をしっかり持って、反骨精神を忘れないことは大切なことだけど、それと人に対するマナーが悪いこととは全然別のことだからね。

僕は年長の人には敬意を持って敬語で接するし、彼らの話にはなるべく静かに耳を傾けるようにしている。それは人間としての当然のマナーだし、心遣いだ。最低限のリスペクトの仕方だよね。目上の人に敬意を払えない奴は人間としてクズだと僕は思う。どんなにトンガって、イキがっていても、そこの礼儀作法だけはちゃんとしていないとダメだ。

11

LIFE

それとは別に、どんなに偉い人でも、目上の人でも、年長者でも、自分の信条に反することを強要したりしてきた時は、とことん闘うべきだと僕は思っている。リスペクトは忘れないけど、闘う時はとことん闘う。特に権力を振りかざして威圧してくる奴には真っ向から立ち向かう。そのぐらいの気骨を持って生きていかないと、心の自由を守っていくことは出来ない。

日本は封建社会を未だに引きずっている所があって、権力に尻尾を振る風習が根強く残っている。後輩や部下や若者だからといって、その人の人格や人間性を無視する傾向がある。これには立ち向かって欲しい。

特に若者にはもっともっと自分の考えていることをハッキリと主張して欲しいと思う。経験は大切だし、長く生きた者にはそれ相応の英知が身に付いているのは確かだが、だからといって、若者の思いや考えがそれに劣っているわけではない。今、信じていること、今、大切にしていることは堂々と主張して、それに反対する人とは、しっかりと議論していくべきだ。

健全な社会とはそうやって、性や年齢や人種の違いを取っ払って、オープンに対話し、対等な心で触れ合っていける所だと僕は思う。

12

LIFE

後輩にむりやり一気飲みさせるような奴はただのクソだ。

酒の席で、後輩に一気飲みを強要するような奴は、
先輩としてリスペクトする必要はないぜ。
そんな奴はただのクソだ。
僕がヒッピーだった頃も、「吸いたくない！」「とりたくない！」
って言う人間にマリワナやLSDを強要していた奴がいたけど、
こういう奴もクソだね。
無理やりやらされた人間のほとんどは、バッドトリップしていたしね。酒の場合も然りで、アルコール中毒になったり、ぶっ倒れちゃって怪我する人間もいるよね。
一気飲みの強要も、ドラッグの強要も、
立派な苛めだってことを、忘れないようにな。

ギャンブルは、負け方が肝心だ。

僕はオーストラリアのシドニーで一年間、ポーカーとバックギャモンのギャンブラーとしてメシを食っていたことがある。この一年の間には、もちろん何度となく負けたし、何回かは泣きたくなるぐらい大きく負けたこともある。でも、年間通して換算すると、大きく勝ち越し、かなり優雅な生活を楽しむことが出来た。僕はポーカーもバックギャモンも、ある程度のスキルはあるし、生まれつき、ギャンブルのセンスを持っていると思う。それと、いいカモを見つける目も持っている。

この一年で、僕は色々なことを学んだ。ブラフのかまし方、賭けの主導権を握る方法、相手の手の内の読み方、相手のブラフの見破り方、ツキがやって来るまでのマネーマネージメント、いかに紳士的にプレイをするか、いかにクールに勝って、

13

LIFE

潔く負けるか。そんな中でも一番大切なレッスンは、いかに潔く負けるか、ということだったと僕は思う。

この一年の間はもちろんのこと、ギャンブルをやるようになってから僕は実に色々な負け方を目の当たりにしてきた。

カードをテーブルに叩きつけて帰ってしまう奴。ぶつぶつずっと文句を言い続ける奴。泣きそうな顔をして落ち込んでしまう奴。ゲームが終わった後ももっとやろうとしつこく懇願する奴。全て、格好悪い負け方だ。

どんなに肩肘張って、尖がって生きているつもりでも、人間は負けに弱いのだ。

そうするつもりがなくても、気が付くと、弱音を吐いて、ジタバタしていたりするのだ。僕もこういう見苦しい負け方を全てやって、生き恥を晒してきた。格好悪いなと思ったけど、どうしようもないのだ。

そんな中、勝っても負けても、常にクールで紳士的な態度を崩さないプレイヤーも何人かいた。彼らの一人は僕のバックギャモンの師匠で、ポーカーの一番のライバルでもあったので、ある日、「なんでお前は負けた時にそんなにクールでいられるんだよ」と聞いてみた。

彼の答えはこんなものだった。

「オレだって負けるのはいやだよ。悪態の一つや二つ、ついてやりたいさ。でも、何をやっても負けを取り消すことは出来ないだろ？　そういう時はジタバタしてもしょうがないんだよ。第一に、格好悪いじゃないか、ジタバタするのってさ。オレはギャンブルしてる時ぐらいは格好良くいたいんだ。ギャーギャー言って、仲間に嫌われたくもないだろ？　嫌われると、ゲームに呼ばれなくなるしね。だからオレは勝っても負けてもなるべくクールに振舞うようにしてるのさ。どうやってそうするかって？　簡単さ。

どんなに悪態をつきたくなったり、泣きたくなっても、みんなの前では我慢するのさ。

いくら負けても、自分の気持ちは胸に仕舞い込んで、涼しい顔をして、その場を去っていくのさ。それが出来ないって言う奴は、自分と周りのみんなに、甘えてる

13

☞ LIFE

だけだよ。悪態をついたり、泣いたりするのは、一人になった時に好きなだけすればいいじゃないか。」

この男の名前はローリーといって、シドニーでも名の知れたギャンブラーで、プレイボーイだった。彼の横にはいつも、とびきり美しい女性が寄り添っていた。友達も大勢いたし、ギャンブル仲間の間でも、フェアで紳士的なプレイヤーとして人気があった。見本にするには申し分ない男だ。

僕もそれからは彼の助言に従い、どんなに嫌な負け方をしても、クールに、フレンドリーに、その場を去っていくようにした。彼の言うとおり、それは簡単なことだった。感情を露わにしてジタバタしていた僕は、自分と周りのみんなに、甘えていただけなのだ。泣いたり悪態をついたりするのは、家に帰って、一人になった時にやった。大きく負けた時はベッドに入って、寝ては起きて泣き、また寝ては泣くを繰り返した。そうすると、朝起きた時にはスッキリしていて、新鮮な気持ちで勝負に戻っていくことが出来た。

ネガティブな気持ちはなるべく胸に仕舞っておく。

これはギャンブルの場だけではなく、人生においても、いい指針になった。僕は生まれつき短気な男だし、なるべく感情はオープンに表現するようにしている。でも、ネガティブな感情はなるべく人前では見せないようにして、家に持ち帰って、自分で処理するようにしている。仕事で嫌なことがあっても、女の子にフラれても、人に愚痴ったり、泣きついたりしないようにしている。悲しんだり怒ったりするのは、一人ですればいいのだ。バカが失礼なことを言っても、一回、二回は流すようにしている。ガツンと言ってやるのは三回目の時でいいのだ。

日本人は喜怒哀楽の表現に乏しいと言われている。僕もそう思う。でも、この荒んだご時世。表現するのは喜と楽ぐらいでいいのだ。あと、本当に悲しいことがあったら、人前で泣いてもいいと思う。でも、人に嫌な思いをさせるようなネガティブな感情は、一人の時に自己流に処理すればいいんだ。

周りに合わせて歳をとっていくなんて、まっぴらゴメンさ。

日本の社会で怖いのはさ、会社とかにいると、みんな年齢相応に歳をとっていくことだと思うんだよね。

それってなんか、みんながそうなんなきゃいけないんだ、みたいな、どこか暗黙の了解のもとで歳をとっていくんだよね。

40代になったら「私はもうおばさんだから」とか「俺みたいなおじさんはさ…」みたいに自己宣告したり、おじさん、おばさんっぽい態度をとるようになったり。

僕、いつも思うんだけど、いつ、どういうタイミングで、女性がおばさんになったり、男性がおじさんになるんだろうね。

別にある朝、鏡を見て、「私は今日からおばさんよ」とか「俺は今日からおじさ

14

LIFE

んになるんだ」って宣言するわけじゃないと思うんだ。

レストランなんかで大きい声を出して盛り上がっているおばさんの集団を見ると、やっぱりみんな、周りの人達に合わせておじさん、おばさんになっちゃうんだろうなと思うんだよね。

僕は小学校の時から高校まで一緒だった学友と未だに年に5、6回集まって食事をするんだけど、60代になった今、みんなやたらと健康法だとか病気の話をするし、先日などは葬式の話まで出てきて、もうオレ帰ろうかなと思ったね。そんな連中に女やセックスの話なんかしようものなら「お前さ、良い歳こいて、いい加減にしろよ」なんて言われちゃうしね。

僕の母親なんか、もう89歳だけど、風邪一つひかないし、病気の話をする所を見たことないね。4年前までは一人で眼科医をやっていて、引退した今も医師会の広報を担当していて、週に二、三回は医師会に出てワイワイやっている。「同期はみんな死んじゃったし、医者のメンバーはみんな私なんかよりずっと若いし、女は私一人なんだけど、結構楽しいのよね」と言って笑っている。まだ車もガンガンに乗り回しているし（「落ち葉マークだか枯れ葉マークだか知らないけど、あんなものは大人に対して失礼よ」といって、紅葉マークを付けるのも拒否している)、パソコンも僕なんかよりずっと流暢に使いこなしているし、携帯はｉＰｈｏｎｅだし、ｉＰａｄも持っている。深夜になると自分のベッドルームへ行ってＨｕｌｕで『ウォーキング・デッド』を観たり、全豪やウィンブルドンのテニス中継を観て、奇声を上げたりしている。週に一回は僕と一緒にジムへ行ってバイシクル・マシンやウォーキング・マシンで汗を流し、その他には手品教室、絵画教室、ダンスレッスンに通い、年に三、四回は絵の個展を開いている。麻雀にも週に二回は興じ、深夜の1時とか2時に帰ってくるなんてのはざらだ。僕が家でパーティーを開けば若い連中の中心になって恋愛話やバカ話で盛り上がっているし、ダンスが始まれば誰よりも先に踊りだす。自分の歩調で人生を楽しんでいるんだよね。

ま、お袋は例外的なスーパーウーマンなので、簡単に真似は出来ないと思うけど、僕も89の時は自分なりに元気で前向きに人生を謳歌していたいと思うな。

だからさ、人生なんてのは一回しかやってこないのだからさ(いや、僕は輪廻転生を何となく信じているけど、たとえ輪廻転生があったとしても、毎回毎回の人生が勝負なんだよね)、自分の時間軸で時を刻むのが一番なんだよね。

14

LIFE

自分はもう何歳だからどうしなきゃ、なんて考えないでさ、やりたいことを自由にやっていけばいいんだよ。

僕はこれからもずっと格好良い男でありたいし、女の子にもモテたいと思っているし、内面も外面も磨いていくつもりだよ。年齢と共に魂がすり減って、摩耗されていく人生なんてクソくらえだと思っている。

赤信号みんなで渡れば怖くない、みたいに周りと歩調を合わせて歳をとっていく必要なんて、全く無いんだよ。

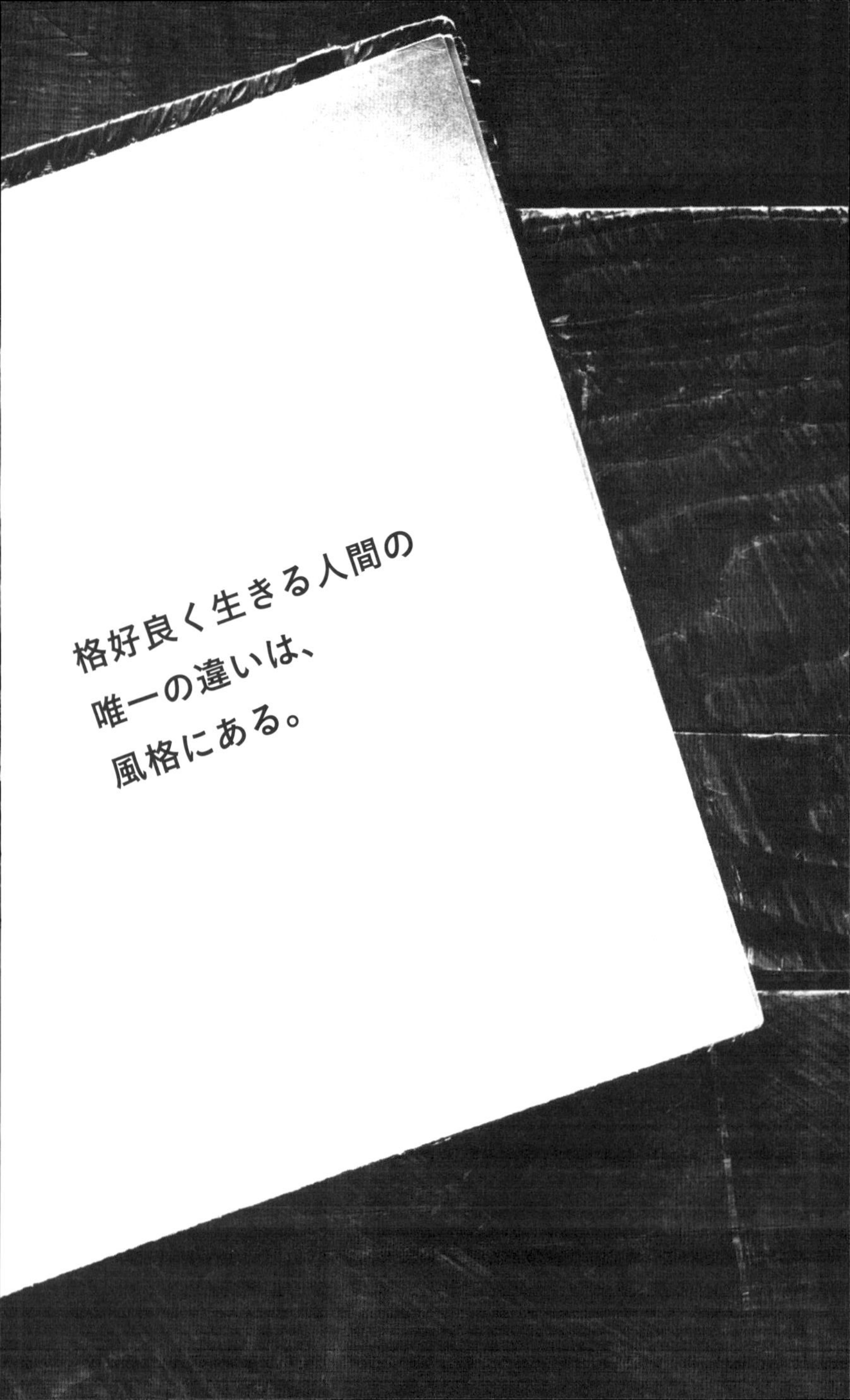
格好良く生きる人間の
唯一の違いは、
風格にある。

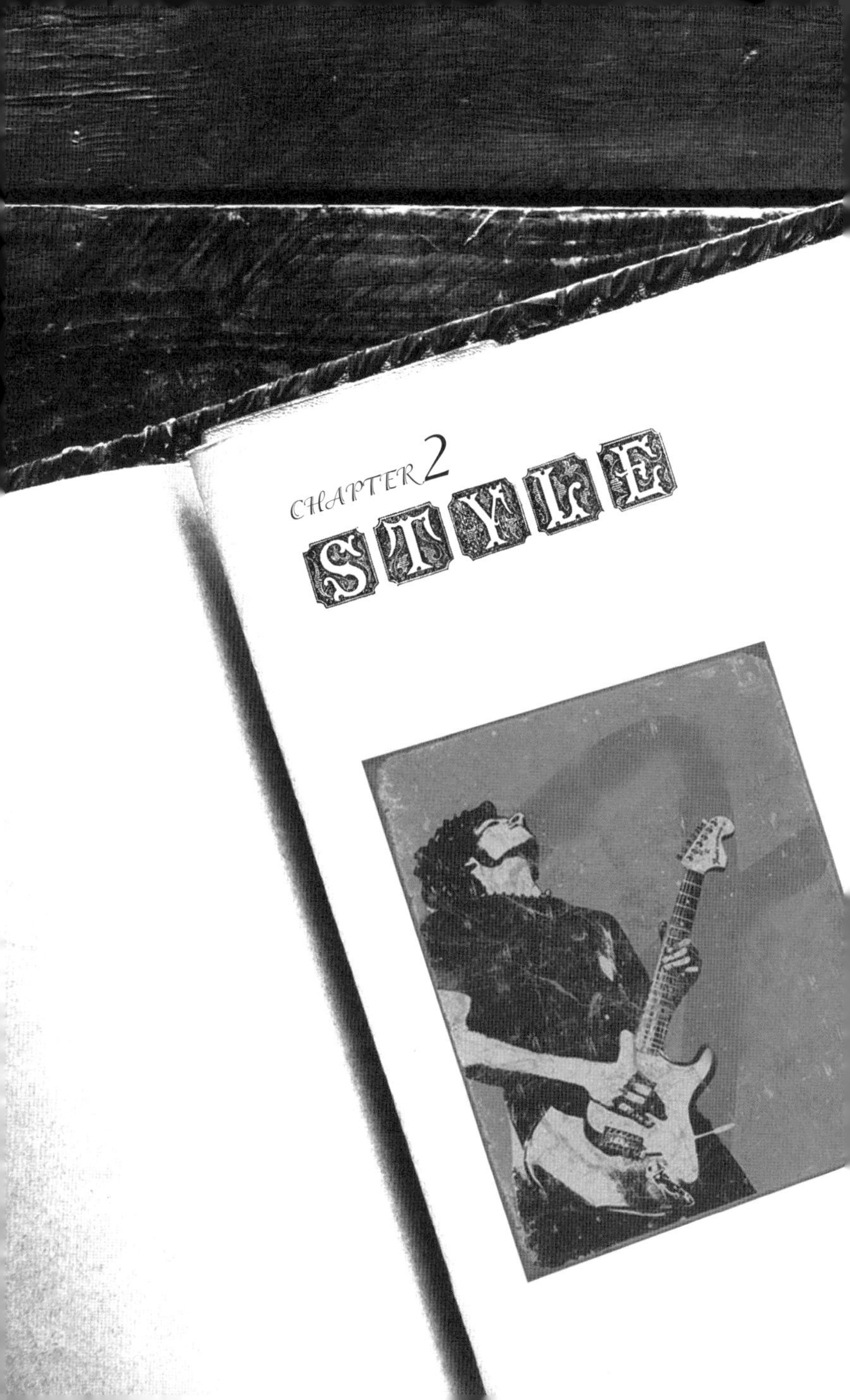
CHAPTER 2
STYLE

ファッションっていうのはさ、自分のスタンスとか生き方の象徴なんだよね。

よく、裏原宿とか代官山の外れの方でストリート系のファッション・ブランドを求めて列を作っている若者を見かけるよね。原宿の某ジュエリー・ブランドの前で行列を作っているネイティブ・アメリカン指向の連中やバイク乗り風の人達もよく目に入るんだよね。こんなこと言っちゃなんだけどさ、僕の目から見るとこういう人達の並んでいる姿は物凄く異質に見えるんだよね。

ストリート系ファッションとかインディアン・ジュエリーとかっていうのはさ、ある意味、反骨精神の象徴だよね？ 心のアウトローのシンボルだよね？

15
STYLE

ブランド指向とか大衆文化とかマスコミとか権力とか広告業界とかに対するアンチテーゼだよね？「オレは何者にも束縛されることなく我が道を行くんだ」っていうステートメントだよね？

そういうスピリットを追求する人間が並んじゃダメだと思うんだよな。狼を目指す者が羊みたいに行儀良く並んでどうすんだよってね。それってちょっと格好悪いんじゃないかな？

彼らを見ていると、10数年前、パリのルイ・ヴィトンの前で並んでいた日本人の女性達のことを思い出すんだよね。彼女達、やっと店に入った後も、店員の女性達に横柄な態度で「日本人は2アイテム以上は買っちゃダメよ」みたいなことを言われていて、これを見ているだけで憤りを感じたけど、横柄な態度を許している彼女達も悪いんだよね。原宿の某ジュエリーショップの店員の態度がどうかは分からないけど、もし横柄なら堂々と抗議して欲しいと思うな。

そもそもネイティブ・アメリカンの勇者やアウトローのバイク乗りが列を作って

並んで、態度のでかいスタッフの言いなりになっちゃダメだよね。

ファッションっていうのはさ、やっぱり自分のスタンスとか生き方の象徴じゃなきゃダメなんだって僕は思うんだ。

「オレはこういう人間で、こういう生き方をしてるんだ。文句あるか?」っていうさ、主張だよね。そういう主張をするんだったら、店の前に並んだり、ファッション雑誌のコーディネイトそのままに服を着るんじゃなくて、まずは自分独自のスタイルを確立させるべきだと思うんだ。

どんなものでもいいんだよ。こういう感じのスタイルが僕には合ってるんだよなっていうポイントを掴んでさ、自分なりにコーディネイトしていくんだよ。フリーマーケットでバンダナ買ったり、古着屋でシャツ買ったり、ちょっと無理してブランドものをゲットしたりさ。

重要なのは自分のスタイルをみつけることさ。

あと、出来ることなら店の前で並ばないようにして欲しいな。羊みたいにはね。

YOUR OWN
STYLE

格好良いと思った人間の真似からはじめる。

人間、外面よりも中身が大切だってよく言うけどさ、格好も大切だと僕は思うんだよね。

僕の言う格好って、服装から、髪型、歩き方、酒の飲み方、タバコの吸い方、身だしなみまで、総合的なスタイルのことさ。人にどう自分という人間を表現していくかっていう、セルフ・プレゼンテーションのことだよね。

もちろん、自分を内面から磨いていくことが一番大事なんだけど、若い内は内面から自分を磨くなんてことがどういうことなのか、よく分からないだろ?

まぁ、それって本を読んだり、映画を観たり、賢い人と話をしたり、悩んだり、恋をしたり、失恋したり、旅をしたり、人生について考えたりしながら、自己を確

16

STYLE

立していくプロセスなんだけど、それには時間が掛かるし、忍耐が必要だし、迷ったり挫折したりしないといけないよね。だからそれをする傍ら、自分の見てくれを作り上げていくことも有意義なことだと僕は思うんだ。

そうすることによって、自分が人にどういう印象を与えているか、人にどう見られているか、俯瞰で考えるようになるし、外観から自分の内側を垣間見るエクササイズにもなるんだよね。

じゃあ、自分の格好をどう作り上げていくかってことなんだけど、僕の場合は格好良いと思った人間の真似をしまくることから始めたんだ。

好きな映画スターのタバコの吸い方が格好良いと思ったらそれを真似したたし、ロックスターの服装が格好良いと思ったら、それも真似た。

16歳ぐらいの時にボブ・ディランにハマった時は、一年くらいの間、彼が好んで来ていたコーデュロイのジャケットを着て、彼と同じように少し猫背で歩いていた。それと同時に彼の歌詞のコピーのような詩を書きまくったけどね。

その後、イギリスのロッカーズに影響を受けていた時は革ジャンとブーツで町を歩いていたし、モッズに傾倒していた時はモッズのスタイルで通していた。

ヒッピーになった時は長い間、どんなヒッピースタイルが一番格好良いのか、ずっと模索していた。今、あの頃の自分を振り返ってみると、オレも青かったなと思うんだけど、そうやって

人の真似をしているうちに、自分独自のスタイル、自分に一番合った格好っていうものが少しずつ見えてくるようになった。

これが大事なんだよね。

僕は最終的には人の真似はしたくなかったし、時代とか流行とか周りに流されない、自分だけのスタイルというものを確立したかった。自分なりに個性的で格好良い男になりたかったんだよね。

また、僕は長い間、世界を旅してきて、外国で何年も暮らしてきたけど、個性的で格好良い奴を大勢見てきた。

ニューヨークのヴィレッジでフェドラ帽と黒マントにシルバーのトップの付いたケイン（杖）を持って町を闊歩しているゲイっぽい男を見かけたけど、こいつは格

16

STYLE

好良かったね。

シチリアの片田舎の小さなホテルに泊まっていた時、50歳ぐらいのオーナーのおっさんと仲良くなったんだけど、彼はオレンジのベルトとマッチングのエスパドリルを履いていて、なんて粋な人なんだって思ったね。

フランスのニースの海岸でマリン・ボーダーのシャツに赤のスカーフにバギーなネイビーのパンツを履いていた遊び人風の男も洒落ていたな。

こういった独自のファッション・スタイルを持った人間と知り合って話をしてみると、みんなそれ相応に自分の考えや生き方をしっかりと持った人間なんだなってことが分かるんだよね。外面からその人間の独自性みたいなものが滲み出ているんだ。

こういう人達に一貫して言えることは、どんな格好をしていようと、みんな、髪とか爪とか身体全体を清潔にしていたってことだね。だって、どんなにお洒落をしていても、髪にフケがあったり、爪が真っ黒だったり、鼻毛が出ていたり、脇が臭かったりしたら、幻滅だものね。

もちろん、冒険家とか探検家なら髪がボサボサだったり、泥だらけだったりしても問題はないんだけど、そういう人達もホテルに帰ればシャワーを浴びて身だしなみを整えるよね。

あと、彼らについてもう一つ言えることは、どんなに個性的で、時には奇抜とも言えるファッションに身を包んでいても、彼らのほとんどが、自分の顔や体系や雰囲気に合ったものを身に付けているってことだね。彼らは自分の見てくれについて、よく分かっているんだね。だから、色々努力や研究をして、自分にベストなスタイルを確立したんだよね。

例えば、ローリング・ストーンズのキース・リチャーズは、彼の海賊か山賊のような顔に合った、不良ロックンローラースタイルを貫いているし、ドラマーのチャーリー・ワッツは自分の容姿や雰囲気に合った、イギリスの紳士のスタイルを確立している。これが逆だったら、絶対おかしいよね。

僕が長い旅から日本に帰ってきて思うのは、日本の人達は清潔で小綺麗にしているけど、個性や独自のスタイルに於いてはもう少し追求してもいいんじゃないかなっていうことだね。

日本って国は制服を好み、周りに合わせることを美徳としている風土があるから

16

STYLE

ね。だからサラリーマンはサラリーマンの制服のグレイか紺か黒のスーツを強いられているし、大学生はいかにも大学生っぽいラフな格好を好んでしている。僕は横浜の某私立大学の近くに住んでいるんだけど、ここの学生の多くは「オレはお洒落には興味がないッスから」と主張するような、ダサ・貧乏学生ルックを好んでいるような気がするね。

朝早く電車に乗っていると、これから山登りかハイキングに行く熟年層の人達を見かけたりするけど、みんな、同じような「熟年層山登りスタイル」を決めこんでいるよね。羽田とか成田へ行くと、旅用のポーチをしている男がやたら目立つよね。あと、リタイヤして田舎でそば打ちとか菜園に励んでいる人はなぜみんな、作務衣にこだわるんだろうね。

いや、人間、根本的にはどんな格好したっていいんだぜ。

レゲエが好きな人間はレゲエスタイルを貫けばいいし、ヒップホップ系はヒップホップ系のスタイルを楽しめばいい。サラリーマンが短パンにTシャツ着て仕事に行ったら怒られるしね。

でも、どんな格好しててもいいからさ、そこにちょっとでもいいから、自分っていう個を主張する何かを身につけるといいと僕は思うんだよね。

例えばサラリーマンが仕事を終えて夜の町へ遊びに行く時は、Yシャツとネクタイをロッカーに入れて、スーツの下にTシャツとかコットンのアンダーを着ていけば気分も変わると思うし、旅に行く時は、通り一遍のポーチじゃなくて、皮のヒッププポーチなんかをすると、格好良いと思うんだよね。

あと、たまにでもいいからさ、時代とか流行とか決まりごとを無視して、自分を堂々と主張してる人間をもう少し見たいと僕は思うね。

例えば田舎でソバ打ってるおっさんがディーゼルのTシャツに穴だらけのGパンを着てたら僕は絶対にそこのソバを食うと思うし、熟年山登りスタイルの一団の中にヒッピーっぽい格好をした爺さんがいたら、僕はその人の友達になると思うよ。

ちなみに、こんなことを言っている僕のいつものスタイルはというと、TシャツにGパンにジャケットというシンプルなもの。冬はTシャツの代わりにコットンかウールの丸首のインナーを着るようにしている。

僕は基本、Yシャツや襟付きのシャツが嫌いなんだ。ネクタイはもっと嫌いで冠婚葬祭の時以外は絶対にしない主義。ジャケットはブランドものからファスト・

16

STYLE

ファッションのものまで色々。今はバリ島に住んでいる日本人のデザイナーがプレゼントしてくれた、蝦夷鹿の皮で出来たレザージャケットを毎日のように着ている。すごく気に入っているんだよね。

帽子はフェドラとか好きなんだけど、僕は残念ながらどんな帽子も似合わないので、かぶっていない。悔しいんだけどね。装飾品はシルバーが好きなんで、シルバーの指輪からブレスレット、ネックチェーンを常用している。指輪は常時、5本つけている。多い時はそれが7本にまでなる。モノはクロムハーツとか通り一遍のインディアンものじゃなくて、旅先で見つけた一点ものや友達がくれたものを愛用している。

あとはストールやスカーフが好きなんで、夏物から冬物まで、一年中巻いているね。こんな所かな。たまに奥さんに「その格好ってちょっと若作りし過ぎじゃない?」って言われることもあるし、高二の娘の学校の授業参観とか学園祭に行く時に「パパ、ちょっと目立ち過ぎじゃない?」と娘に言われたりするけど、僕は今の所、自分のスタイルが気に入っているので、そういうコメントはあんまり気にしないようにしている。

格好から入っていくのも大事だぜ。

RESPECT ALL KINDS OF SPECIALISTS AROUND YOU

どんなことでもいいからさ、
何かを完璧に出来る人間は
リスペクトに値する。

17

STYLE

1972年、僕はヒッピーばかりがギュウギュウ詰めになったおんぼろバスに乗って、インドネシアのジャワ島からバリ島へ向かうフェリーに乗りこんだ。確か夜中の1時か2時頃のことだったと思う。

バスがギュウギュウ詰めなら、小さな船に乗り込んできたバスや車の数もかなりのもので、40代の駐車係のおじさんが、車を一台一台、駐車スペースへと身振り手振りで誘導していた。僕はそのおじさんの動作を見て、彼から長い間、目が離せなくなった。

車をバックさせたり、狭いスペースへと誘導する彼の立ち振る舞いがあまりにも的確で美しいので、思わず見とれてしまったのだ。別にくそ真面目に、額に汗を滲ませて働いていたわけではない。手を動かし、腕を回し、「オーケー！オーケー」といった掛け声を上げて車を一台一台誘導しながらも、彼は横にいる仲間や乗客と楽しそうに冗談を言い合ったりしているんだ。でも、彼のひとつ一つの動きが優雅で、落ち着いていて、流れるように美しいんだ。それはまるで太極拳の達人の型を見ているようだった。見ているだけで感動的だったし、なぜか分からないが、言い知れない安心感を覚えるんだよね。

僕は30時間以上、マリワナの煙だらけの満員バスに揺られ、ガンガンに効き過ぎた冷房に震え、運転手が大音量で流し続けていたインドネシアの歌謡曲を耐え忍び、心も体もガタガタだったのだが、20分も30分もこの駐車係の男の一挙手一投足に見入ってしまった。そして気が付くと、心も体も癒され、幸せな気分になっていた。

あれからもう40年以上の月日が流れていったのだが、僕は未だに彼の優雅な身のこなしと、落ち着き楽しそうな顔をハッキリと覚えている。

たかが車の誘導係じゃねえかよ、と思うかもしれないけど、それがどんな仕事であろうが、その道を極めた一流の人間の所作というものは、見る者の心を癒し、感動させてくれるものなのだ。僕はその時、強くそう思ったし、今でもそう思っている。

それからしばらくして、僕はオーストラリアのシドニーで暮らし始めたのだけど、この国では面白いことに、一人でタクシーに乗る時は前の助手席に座るのが習慣になっている（今はどうだか分からないけど、僕がいた1973年から1989年の間はそうだった）。オーストラリアは基本、イギリスから島流しになった囚人が創った国。偉ぶった人間、スノッブな人間を極度に嫌う国民性を持った国だ。タクシーの乗客が助手席に座る習慣も、きっとこの国民性からきているものなんだと思う。

17

STYLE

一人で乗っているのに、後ろでふんぞり返っているのは、庶民性に欠けるということだ。

そんな訳で僕はしょっちゅうタクシーの助手席に座って運転手とバカ話をして盛り上がったりしていたのだけど、そんな中で、一つ目に留まったのが、彼らの紙巻きタバコを巻くテクニックだった。僕がいた当時はタクシーの中でもタバコを吸えたし、オーストラリアでは値段の安い紙巻きタバコが流行っていた。僕もよくドラムとかバンクといったブランドの紙巻きタバコを買って吸っていたのだけど、紙巻きタバコを上手く巻くには相当な技術と経験が必要だ。オーストラリアにいる間、何千本というタバコを巻いたと思うのだけど、僕は未だに上手く巻くテクニックを習得出来ていない。何回巻いても、僕が巻いたものは、真ん中の所がプクッと膨らんで、妊娠6カ月ぐらいの妊婦のように見えてしまう。

ところがタクシーの運転手の多くは、車を運転しながら片手だけを使って、完璧な形をしたタバコを巻く。どうやってやるのかというと、まずタバコのペーパーを一枚、下口びるに軽く貼り付け、ハンドルを握っていない左手にタバコを一つかみすくい取ると、それをゆっくりと一本の棒状になるまで揉んでいく。そして頃合いを見計らって手をペーパーの所に持っていくと、クルクルクルっとタバコを中に巻き込み、ペロッと糊の所を舐め、一本の完璧なタバコを作ってしまう。僕は何回観察しても、このクルクルクルというタバコをペーパーの中に包んで巻き上げるテクニックを盗むことが出来なかった。彼らの作るタバコはまさに、芸術作品だった。

そんな中でも特に美しいタバコを巻く運転手と僕は友達になり、そいつがバックギャモンが好きだというので、家に呼んで何回か賭けゲームをした。彼のバックギャモンの腕前は僕には幾分劣っていたので、結局は僕のカモになったのだが、それでも彼のダイスを振ってコマを動かす所作は、紙巻きタバコを巻くのと同じように、見惚れるぐらい美しいものだった。

美しい動きで人に感動を与えるのは芸術家かスポーツマンの特別な領域だと思われているけど、このように、どんなことでもいいから、人を魅了する何かが出来る人間は素晴らしいし、リスペクトに値すると僕は思っている。

17

STYLE

Everyone's a star and deserves the right to twinkle.

威張った人間にだけはなるのを止めようぜ。

日本にいると、意味もなく威張っている人間をよく見かけるよね。人間は社会的な生き物だから、仕事上での上下関係はシステムとして必要だし、先輩や上司が後輩や部下を指導したり叱ったりするのも別に普通のこと。偉人や年配の人間を敬うのも、もちろん当たり前のこと。これは人間としてのマナーだよね。

でも、指導するのと威張るのとは違うことだ。

記者やリポーターに対して横柄な態度をとる政治家。部下を意味もなく怒鳴り散らす上司。〝先生〟と呼ばれて踏ん反り返る作家や芸術家。後輩をすぐ殴ったり蹴飛ばしたりする芸人。

18

LIFE

なぜ日本ってこういう人間をのさばらしておくんだろう？態度がデカイことで有名な政治家のことを「一番父親にしたい人」とか「理想の上司」に挙げたり、お笑い芸人が先輩に殴られたことを笑いのネタにしたり。変な社会だなと思う。

ここでハッキリ言っておくけど、人間、威張っちゃいけないんだよ。政治家にも、警察にも、会社の社長にも、官僚にも、学校の教師にも、ロック・スターにも、お坊さんにも、医者にも、誰にも、威張る権利なんてないんだよ。「俺は人より偉いから威張ってもいいんだ」って勘違いしている人間がいるけど、彼らには偉いってことがなんだか分かってるのかな？

別に人より先に生まれたから偉いわけじゃないんだ。

人より社会的な地位が高いからって偉いわけじゃないんだ。

偉い、偉くないは自分で決めることじゃなく、人が決めることだ。そして、人に偉いってリスペクトされているから威張っていいってことでもないんだ。

そんな権利は誰にもないんだよ。

ダライラマ4世を見てみなよ。生き神様とまで呼ばれているのに、一度でも威張った態度を見せたことがあるかい？ ないよね？

だから僕は、威張った態度をとる人間はリスペクトしないし、友達にもしない。そいつがどんなに〝偉い〟奴でもね。

若い仲間がタクシーの運転手さんやウェイトレスの人に横柄な態度をとってるのを見ると、僕は必ず彼らに注意するようにしている。威張るってのはそういう所から始まるわけだからね。

職種や社会的地位で人を判断したり、態度を変えたりするなんてことは、一番格好悪いことだ。

どんな人にもリスペクトの心で接する。

人間としての在り方はこれしかないんだ。

酒を飲んでいる時こそ、格好良くあるべき。

人間って、遊んでいる時にその人の本性が出るんだよね。仲間と酒盛りをして盛り上がったり、旅先で出会った人と飲んだり、旧友と久しぶりに会って飲み明かしたり、酒を片手に飲み語らうことっていっぱいあるよね。そんな時のその人の姿がいちばんありのままの姿だと僕は思う。

どんな話をするか、笑っているか渋い顔をしているか、周りにどんな気配りをしているか、ウェイターやウェイトレスにどんな態度で接するか、会計のときはどう払うか。よく観察すると、その人の本性が見えてくるんだよね。優しい人間かそうでないか、朗らかか暗いか、品格があるかないか、芯が強いか弱いか、気配りが出来るか出来ないか、良い酒か悪い酒かってことが大体分かるんだよね。

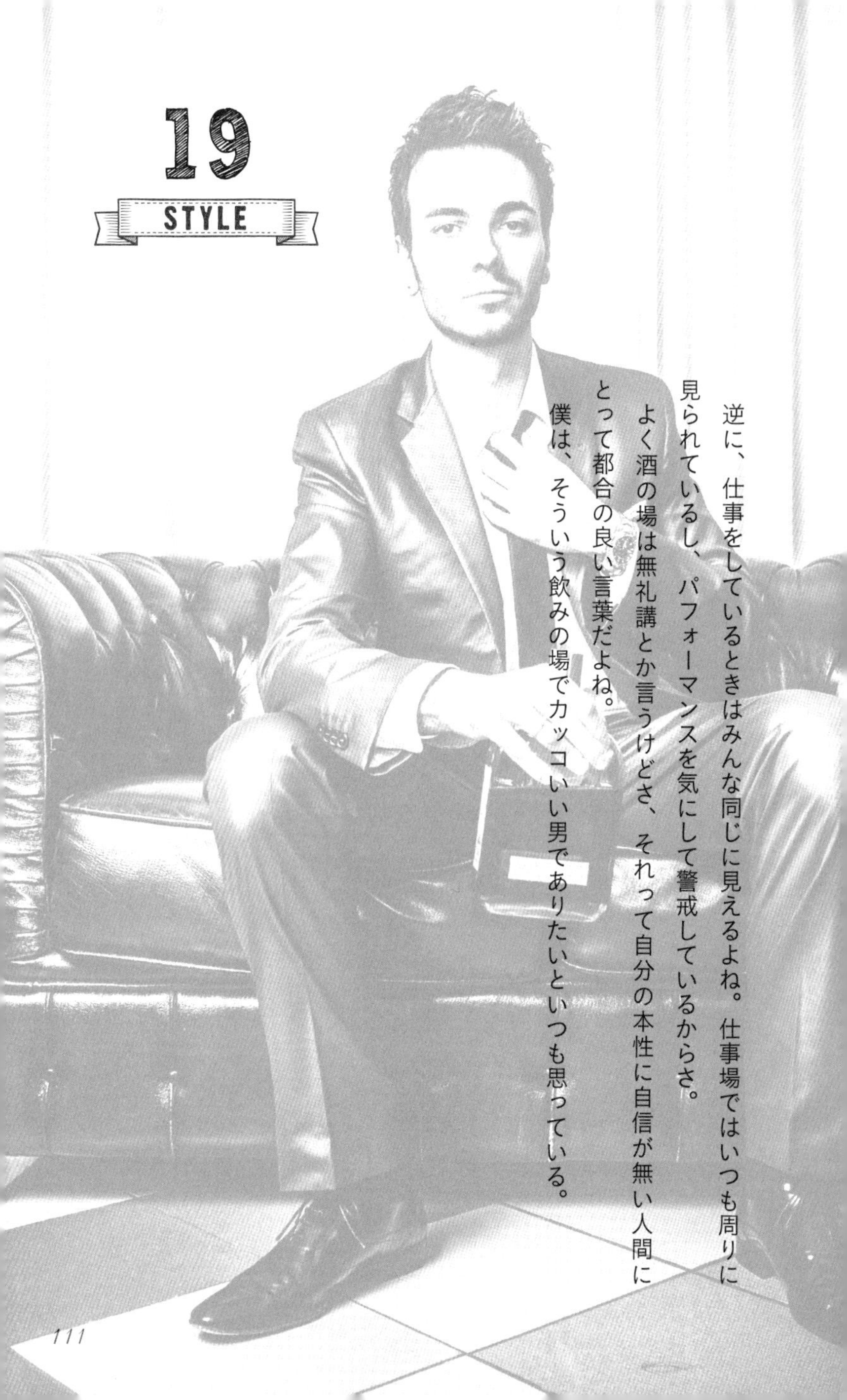

19 STYLE

逆に、仕事をしているときはみんな同じに見えるよね。仕事場ではいつも周りに見られているし、パフォーマンスを気にして警戒しているからさ。

よく酒の場は無礼講とか言うけどさ、それって自分の本性に自信が無い人間にとって都合の良い言葉だよね。

僕は、そういう飲みの場でカッコいい男でありたいといつも思っている。

こだわりを持たない人生も、捨てたもんじゃないぜ。

ちょっと前に、某メンズ雑誌に「大人の男のこだわり」というテーマについてインタビューさせて欲しいという依頼を受けたので、家で自分のこだわりについてあーだこーだ考えたんだけど、いくら考えても自分にどんなこだわりがあるのか、見当もつかなかった。しょうがないので奥さんに「オレのこだわりってなに?」って聞いたら「あなたにこだわりなんてないわよ。もしあるとしたら、こだわらないことにこだわっていることじゃない?」って言われた。

彼女の言葉を聞いて、確かにそうかもしれないな、と思った。

この国では格好良い大人はこだわりを持たないといけない、みたいな風潮があって、僕に依頼してきた雑誌のように、やたら大人のこだわりについて雑誌で取り上

20
STYLE

げたりしているけど、それってどうなのかなって思うんだ。

シングルモルト・ウィスキーへのこだわり。ワインへのこだわり。釣り人のルアーへのこだわり。靴へのこだわり。筆記用具へのこだわり。ブランドへのこだわり。書斎へのこだわり。女性のタイプへのこだわり。酒の飲み方へのこだわり。鮨屋のおやじのこだわり。ラーメン屋、うどん屋、蕎麦屋のこだわり。

いや、こだわりとは日本人の研究熱心な所とか、何かをとことん追求して完璧な形に仕上げたいという努力、匠の技への探求心、細かいことへの心遣い、粋な生き方の追求などからきている言葉だと思うし、アーティストや職人がこだわりを持つことは大切だ。人間、好き嫌いがあるのも当然のことだと思う。ただね、テレビや雑誌とかでこの言葉を連呼されるとなんか違和感を感じるんだよね。なんか違うんじゃないのって思うんだよね。

僕が今まで関わってきた人間の中で、一流と呼ばれている人間ってあまりこだわりって言葉を使わないんだよね。もちろん、一流の仕事をしている人間は作業をする手法や環境や設備などに自分なりのこだわりを持っているとは思うんだけど、そういう所はあまり人に見せないで、見た目には気持ちいいぐらい軽やかに仕事をこなしているんだよね。共同作業の時でも、自分の要望はしっかりと伝えるけど、後は快く人に任せる。僕はこういう人達を見ていると、プロってやっぱりこうあるべきだなって思うね。

遊びに関してもそうだね。同僚や部下や後輩を飲みに連れて行っても、この席ではこう振舞えだとか、この店ではこういうことはするなとか、うるさいことは言わないで、なるべくみんなに楽しんでもらおうと、気づかれない程度に気を遣う。ワインや食事のウンチクもたれない。誰かがちょっと軌道を逸したり、店のスタッフに失礼な態度を取ったりしても、みんなの前で怒ったりせず、ちょっと横に呼んで静かに注意する。こういう人を見ていると、粋だなって思うね。

逆に、二流三流の人間はやたら注文が多いし、文句も多い。こうしないとダメだとか、この条件じゃないとちゃんと仕事が出来ないと言って、駄々をこねる。人の仕事にイチャモンをつけるし、必要以上に人を否定する。そうすることがプロのこだわりだと勘違いしているんだよね。下手なカメラマンやデザイナーやスタイリストやアーティストもどきや胡散臭い業界人にこういう輩が多いね。きっと自分の腕に自信がないんだろうね。だから色々と注文をつけて、自信の無さを補おうとする。

20
STYLE

こういう人間は往々にして遊びの場でもうるさいね。やたら自慢話をしたり、ウンチクをたれるし、目下の人間に威張り散らし、一気飲みを強要したりする。僕はこういう野暮な人間を見ると、なるべく早く席を立つようにしている。蹴飛ばしたくなる前にね。

だから、僕は思うんだけど、こだわりとか好き嫌いを持つことは人間として自然のことだし、自分なりのやり方とかスタイルを追求することも決して悪いことじゃないけど、そういうものはなるべく自分の中にしまっておいて、

人の前ではあたかもこだわりがないかのように、軽やかに振舞うのが一番だね。

あと、君がもし有名になって、雑誌かなんかでこだわりに付いてインタビューを受けたら、あまり自慢げにこだわりをひけらかさないことだね。

人間、軽やかでいるのが一番格好良いんだよ。

どんな苦境に立っても、自分のスタンスやポリシーは変えるな。

人によっては自分が落ち目になったり、苦境に立たされたりすると、やたら反省したり、自分を変えようとしたりすることがあるけど、僕はこれが何よりも格好悪いことだと思っている。

もちろん、何か間違いを犯した時は反省してそれを繰り返さないようにする。仕事なり人間関係などで上手くいかなくなった時には軌道修正する。これは当たり前のこと。

僕が格好悪いと思うのは、逆境に立った時、自分の根底にあるスタイルとかスタンスとか生きている上でのポリシーを変えることだ。

例えば事業に失敗したとする。すると今まで堂々としていた人間が急に弱気になっ

21

STYLE

て、人におべんちゃらを言ったり、卑屈な態度をとったりする。これは格好悪いと思う。

例えば、今までいなせな遊び人を貫いてきた男が、女に立て続けにフラれる。すると急にあたふたとまじめ人間になろうとする。これも格好悪い。

僕はそれだけ自分のスタイルやスタンスやポリシーといったものを大切に思っている。人間を本当の意味で支えてくれるものは、そういう自分の根幹をなしているものだ。

社会的地位とか金とかコネではない。

そういうものはあっという間になくなってしまう可能性がある。あとに残るのは、自分との関係だ。自分のことを好きになれなくなったり、プライドが持てなくなったら終わりだ。

だから僕は何があっても自分の根本的なスタンスとかスタイルは変えないようにしている。

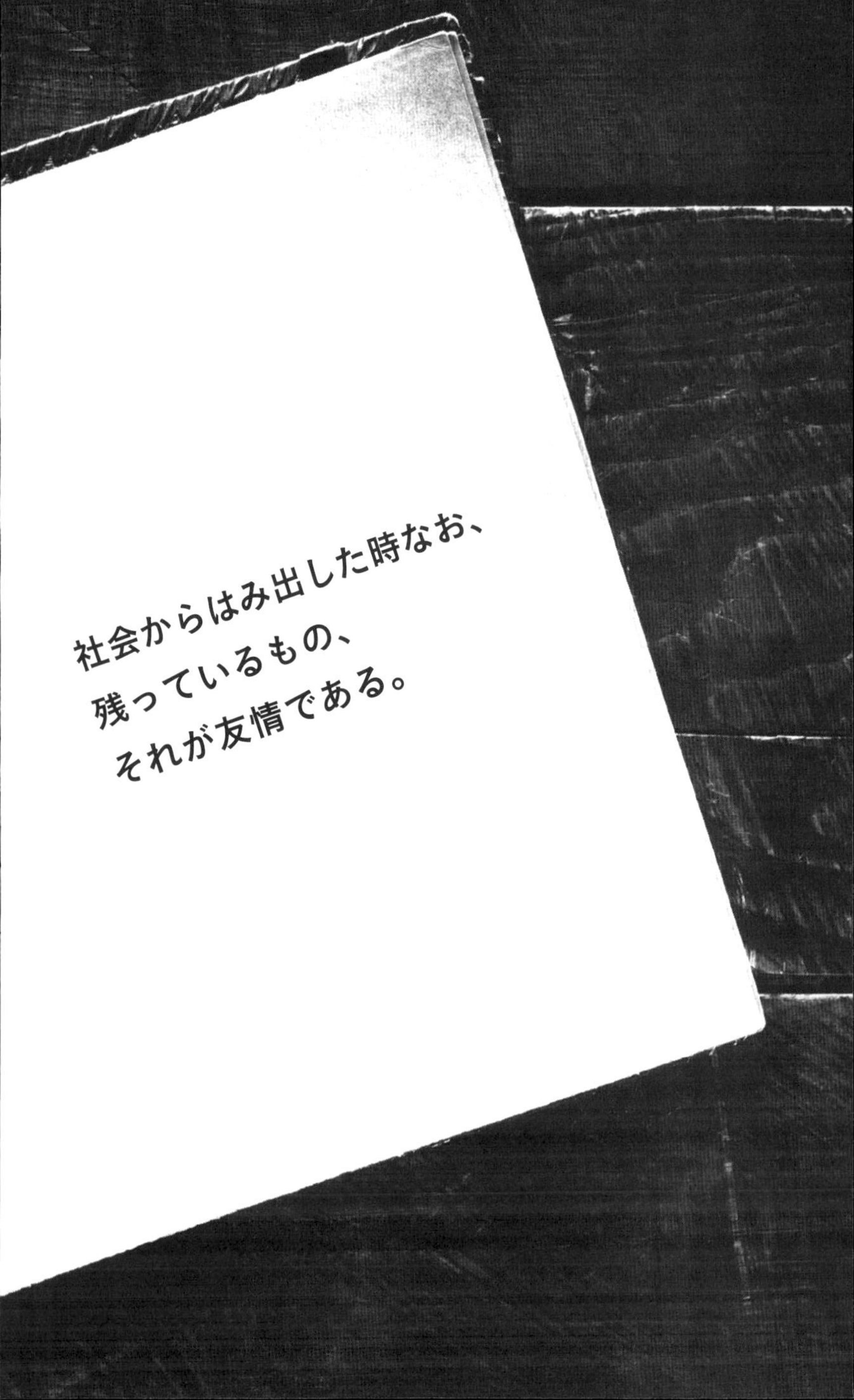
社会からはみ出した時なお、
残っているもの、
それが友情である。

CHAPTER 3
FRIEND-
SHIP

CAN MEN AND WOMEN EVER JUST BE FRIENDS?

異性と友達になれる人間を目指そうぜ。

22

FRIENDSHIP

この世には男と女の二種類の人間しかいないんだから、異性と上手く付き合っていくことは大切なことだ。

僕は男だから、女性のことは完全には理解出来ないと思っている。残念だけどね。理解したつもりで知ったようなことを言って、とんでもないしっぺ返しを食らったことが山ほどある。「何を分かったようなことを言ってるのよ。全然分かってなんていないじゃない」みたいなことを言われてね。

でも、僕には女性的な所が結構あるし、若い時は女性に囲まれて過ごしたので、女性と話すのは昔から大好きだ。

僕の経験から言うと、

男は自分が感じていることを頭を通して、思考的に話すけど、女性は感じたことをそのままストレートに、感情的に話す。

例えば女性は傷ついた時は素直に「傷ついた」というけど、男は自分がどう感じているのかは言わずに、論理的に状況を説明したり、把握しようとする。

もちろん、これには例外もあるし、どっちが良いとか悪いとかいう問題じゃないよ。でも僕は、ことフィーリングや人間関係や恋愛においては女性との方が話しやすいし、話していて楽しい。本音で意見のキャッチボールが出来るからだ。

異性との友情には、性的なテンションが付きもので、これが面倒くさい、と言う人もいるが、僕はそれを面倒くさく思わないで楽しむようにしている。

例えば、僕は友達の女性に魅力を感じたら、彼女が結婚していようがボーイフレンドがいようが、「相変わらず魅力的だね」とか「ホントに可愛いよね」といったようなことを躊躇わずに口にする。もちろん、こういうことを厭らしくなく、セクハラにもならないようにサラッと言うにはある程度の経験が必要だけどね。上手く伝えられれば女性なら誰でも嬉しい顔をしてくれる。

女性とは、彼女が結婚していようが子供の母親であろうが、女性として付き合っていきたいんだよね。

僕は過去に、友達として付き合っていた女性とセックスをして、その後、また友

22

FRIENDSHIP

達として付き合いを続けたことだって何度もある。

異性とは一度体の関係を持つとそれまでの関係が変わってしまう、とよく言われるし、そういうことも確かにあるけど、お互いに上手くコミュニケーションが取れて、お互いの意図がちゃんと分かりあえて、気持ちもシンクロすれば、友情を壊すことなく、愛情の一つの表現としてお互いの体を楽しむことも可能なんだよね。

もちろん、こういうことが出来る友情は特別であって、誰とでも出来ることじゃないけどね。

友達はシンプルに、打算無しに選ぼう。

僕は友達を、自分のキャリアの向上とかステータスの為に選ぶことは絶対にしない。友情とは損得勘定のない、神聖なものだ。

相手の社会的地位がどうかとか、自分にとって都合が良いかどうかといった惰性で友達を選ぶなんて、最低なことだと思う。

だから僕にはラジオの同僚からアーティスト、会社の社長、レストランのウェイター、ビルの守衛、映画俳優、ギャンブラー、僕の本の読者、同級生の息子、ラジオのAD、ミュージシャン、サラリーマン、元ガールフレンドの恋人、駐車場の係

23

FRIENDSHIP

員と、いろんな世界の友達がいる。みんな、職業的にも年齢的にもまちまちなんだ。友達を選ぶ基準はただ一つ。彼、または彼女と

一緒にいると楽しいかどうか

それだけだ。

相手が有名人だとかステータスのある人だとかは全く関係ない。どんなに偉い人だろうが、一緒にいるのがつまらなかったり、マネージャーを通してしかアポをとれないような相手とは、友達にならない。

人生は短い。あっという間に過ぎていってしまう。だから僕は時間の無駄になるような人間とは付き合いたくない。

一緒に美味い飯を食って、熱く語り合って、大声で笑えるような、そんな気が置けない人間と付き合っていきたいんだ。

友達を受け入れたら、そいつの全てを受け入れようぜ。

僕は今まで、本当に様々なタイプ、職種、人種の友達と付き合ってきた。中には空き巣をやって生計を立てているオージーの詩人とか、出版社で働きながら裏でドラッグ・ディーラーをやっていた奴だとか、サイコロのイカサマが得意なプロのギャンブラーだとか、ヘロインやコカインにハマったジャンキーだとか、そういう、社会の暗がりに足を半分突っ込んで生きている連中もいた。

彼らのほとんどは、僕がシドニーでボヘミアンなブックショップ兼ギャラリーを経営していた時に出来た友人だが、彼らに対しての僕のポリシーは、僕や僕の仲間に害を及ぼさない限り、干渉しない、非難しない、というものだった。

一度、友達として心に受け入れたなら、そいつの全てを受け入れよう、というの

24
FRIENDSHIP

が僕の信条なのだ。

そんな友達の中にはドラッグの過剰摂取で亡くなった者もいれば、警察に捕まって何年か刑務所に収監されてしまった奴もいる。そんな時はやれやれと思ったが、亡くなった友達との思い出は今でも僕の心の中で強く息づいているし、刑務所に行った奴はもう出てきて、今ではFacebookで繋がっている。

そんな僕も、友達に関して何度か後悔することをしてしまったことがある。

もう二十年以上も前の話だが、ある日、ブックショップにイゴーというアングラ劇団の主宰者で演出家の男がやって来て、「しばらく店に泊めてくれないか?」と言った。

彼はそれまで、田舎で劇団のメンバー達と集団生活をして次の演目のリハーサルを指揮していたのだが、ちょっとしたトラブルがあったので、着の身着のままでシドニーに帰ってきたのだ。

彼とは長い付き合いだったし、彼の劇団員もみな僕の友達だったので、僕は快く彼を受け入れ、ブックショップの三階にあった、4畳半ほどの僕の部屋で一緒に寝起きするようになった。

彼がやってきて三日ほどたった頃、劇団員達も一人、また一人とシドニーに戻ってきて、僕のブックショップに遊びに来た。僕が「店にイゴーが泊っているぜ」と彼らに言うと、みな怪訝な顔をし、向こうで何があったのか知っているのか、と聞いた。僕がそのことに関しては彼に何も聞いていないし、彼もその話をしたがらなかったと言うと、彼らがトラブルについて話してくれた。

劇団には男女合わせて12人いて、みんなで林の中にテントを張って共同生活していたのだが、初めからリーダーのイゴーが生活していく上での幾つかのルールを作った。その一つが、メンバー同士で恋に落ちたり付き合ったりしない、ということだった。

共同生活を始めて一年ほどたった頃、みんながびっくりすることが判明した。恋愛NGのルールを作ったイゴー自身がもう何カ月もの間、女性メンバーの一人と内緒でデキていて、毎晩のように彼のテントで夜を共にしていたのだ。憤慨したメンバー達はイゴーを問い詰め、彼がそのことを認めると、彼をその場から追放し、劇団を畳んでシドニーに帰ってくることにしたのだ。

まぁ、そういうことはよくあることだよな、と最初は僕も思ったが、帰ってくるメンバー達が、かわる代わるその話をし、「イゴーには心底失望した」ということ

24

FRIENDSHIP

を聞いているうちに、僕の中でもイゴーに対して不信感が湧くようになった。そしてある晩、部屋で二人きりになった時、彼にそのことを問い詰めてしまった。

イゴーは素直にことの真相を話し、頭を垂れると「反省しているんだ」と僕に言った。僕は彼に「友達を裏切るのはやっぱりダメだよな」みたいなことを言って、そのまま寝てしまった。

翌朝起きると、彼はいなかった。彼の荷物もなかった。出て行ってしまったのだ。

僕はこの後、物凄く後悔した。彼に対して本当にすまないことをしたと思った。仲間に拒絶された後、彼は僕に助けを求めてやってきたのだ。そして僕は彼を受け入れたのだ。彼の劇団員がなんと言おうと、僕は彼を守ってやるべきだったのだ。

僕は彼の劇団員じゃないんだし、彼らの問題は僕の知ったこっちゃない。何も聞かないで、何も問い詰めないで、野暮な批判なんかしないで、黙って彼のことを好きなだけ泊めてあげれば良かったのだ。

もちろん、後悔先に立たず。彼はそれからしばらくして故郷のトルコに戻ってしまった。彼にはそれ以来、会っていない。

以上が僕の失敗談の一つだけど、今でもこれに関しては後悔している。自分の信条、哲学に忠実に生きていくってのは、結構難しいことなんだよね。

心をオープンにして、友達は自分から作るものだぜ。

「僕にはなかなか友達が出来ません。どうしたらいいでしょうか？」という悩みをたまに聞かされるけど、そういうことを言う人間って往々にして、暗かったり、自分の殻に閉じこもっていたり、心をオープンにしない傾向にあるんだよね。

暗い人間には人ってなかなか寄ってこないよ。

僕だってそうだよ。眉間に皺を寄せて、自分のことばかり考えているような人間には近付きたいとは思わないもん。

友達ってのは、向こうからやってくるものじゃないんだ。自分から作るものなんだ。別に難しいことじゃないぜ。まずは眉間の皺をなくして、笑顔を作る練習をすることから始めればいい。旅をしていて、いつも気がつくんだけど、むっつりし

25

FRIENDSHIP

ニコニコ楽しそうな顔をしていると、人って不思議と寄ってくるものなんだよね。

つまらなそうな顔をしていると人ってなかなか寄ってこないけど、ていたり、

とは言っても、僕の場合はおじさんとかおばさんが近づいてくるのがほとんどで、若くて可愛い女の子が寄ってくることはあんまりないんだけどね。

次は出来る範囲でいいから、自分をオープンにすることだね。

これってどういうことかと言うと、心のガードを下げて、相手を受け入れるんだ。

ここで間違わないで欲しいのは、オープンにすることと、人を捕まえてダラダラと自分のことばかり話すこととは違うってこと。自分のことばかり話す人間には、人は寄ってくるどころか、逃げていくよ。

オープンになるって、まずは人の話を聞くことなんだ。人の話を聞いて、相槌を打ったり、笑ったり、感心したり、共鳴したり。そして、それを受けて自分の話をして、少しずつ、会話のキャッチボールをすることさ。

このキャッチボールを楽しめるようになったら、もうこっちのもんだぜ。

別に面白い人間になろうとか、面白いことを話そうなんて思わなくていいんだ。いい感じに言葉のキャッチボールをしていれば、自然と面白いことを言ったり、深い話が出来るようになるものなんだ。後は、フォローするだけだよね。

僕は、この人ともっと会って親しくなりたいなと思ったら、自分から積極的にアプローチするようにしている。押しつけがましくならない程度にね。

せっかくいい感じに盛り上がったのだから、その人ともっと親しくなりたいと思うのは当然だものね。

そう、フォローは自分がすればいい。そうやって友達の輪を少しずつ広げていけばいいんだ。

25

FRIENDSHIP

Good friends, good books and a sleepy conscience: this is the ideal life.

友達に助けや相談を求められたら、黙って聞いてあげることさ。

中央アジアの神秘思想家で宗教家のグルジエフが「人を助けようとする人間は信用するな」という格言を残していったが、僕もそれにならい、助けを押しつけてくる人間は信用しないようにしている。

また、友達がどんなに困っていようが、お節介的に助けの手を差し伸べたりしない。そうすることによって彼や彼女のプライドを傷つけてしまいかねないからだ。

もちろん、この人助けの話は、被災地へ行って人命救助や復興の手伝いをしにいくのとはまったく違う次元のものだ。

僕は仲間の内でも一番年齢のいっている人間の一人なので、若い友達からたまに、恋愛関係や人間関係、仕事や将来について、相談を受けることがある。

26

FRIENDSHIP

僕はそういう時、なるべく黙って彼らの相談を聞き、あまり意見はしないようにしている。相談を持ってきた時点で彼らの腹は大体決まっているからだ。僕が何を言った所で、彼らは自分が決めたことをやる。大体に於いてね。そして僕はそれでいいと思ってる。

自分の人生なんだから、自分で決断して、それに責任を持ってやっていけばいい。

きっと人に相談するのは、自分の意見を他人に話すことによって、自分の思いを再確認してるんだよね。

相談を受けて、もう一つ注意しておくべきことは、人の悩みを自分の悩みにしちゃわないことだね。人の悩みとか苦労話を聞いて、それについて何日も悩んだり、苦悩したりするのはそれこそ本末転倒だ。

暗い人と何時間も話していると自分まで暗くなっちゃう時ってあるよね。それと同じで、人の苦労話を延々と聞かされたりしていると、それがあたかも自分の苦労話みたいに思えてきて、自分まで心が重くなっちゃうことがあるんだよね。これには気を付けた方がいいぜ。人って、同調したり協調したりする力があるんだけど、このエンパシーには注意した方がいい。

他人の苦悩はあくまで他人の苦悩。

それを飲み込んで自分の苦悩にしてはいけないんだよ。

だから僕は人に相談を受けたり、苦労話を聞かされたあと、その内容をすぐに忘れちゃうようにしている。いや、忘れちゃうようにしているっていうよりは、忘れてしまうんだ。きれいサッパリね。僕はどちらかというといい加減な性格をしているんで、それが功を奏しているんだろうね。忘れる努力をしないでも、自然に忘れてしまうんだよね。

よく奥さんに「あなたってそういう所は本当にいい加減だし、無責任よね」って呆れられるけど、僕はそれでいいと思っているんだ。自分の心の中はなるべく軽やかにしておきたいからね。それに、どうせ悩むんだったら、自分のことで悩みたいしね。

26

FRIENDSHIP

It's the friends you can call up at 4a.m. that matter.

人生に一度は、
恋に狂って生きた方がいい。

CHAPTER 4

MEN & WOMEN

THE MYSTERY OF WOMEN

女は男にとって、永遠の謎だ。

そう思うに越したことはない。

27

MEN & WOMEN

つい先日、オーストラリアに暮らす、27歳の息子のシャーから電話があった。彼はハンサムな男で、女の子にも結構モテるのだが、ここの所、三連ちゃんでガールフレンドにフラれている。三人目の女性とはつい最近までとても上手くいっていて、ハッピーだったのだが、ある日突然「もうあなたと一緒にいたくなくなった」と言われ、あっさりとフラれてしまった。

「すっごく嫌な別れ方だったんだ」彼は言った。「なぜ急に別れたくなったのか、理由を聞いても何も言ってくれない。だから、そんな一方的な別れ方なんてアンフェアだっていったんだけど、そしたら彼女、急に豹変して、すっごく冷たくなったんだ。一緒にいた半年間、あんなに優しかったのに、急にドアが僕の目の前でガチャンって閉じた感じだった。それからはメチャクチャさ。僕も痛みの勢いで酷いことをいっぱい言っちゃったし、彼女も色々醜いことを言い返してきて、結局は喧嘩別れしてしまった。今はただただ悲しいだけさ。ねえ、パパ、なんで女性ってああも簡単に変わっちゃうのかな？ 僕達、ホントに上手くいっていたんだよ。お互いに均等に愛し合っていたし、僕は愛情の押し売りもしなかったし、束縛もしなかった。いつもラブラブで、よく笑っていたし、一緒にいて本当に楽しかった。お互いに飽きちゃったとか、そんなことも全然なかったし。だから今でも、なぜ僕と急に別れたくなったのか、分からないいんだ。いったい何がいけなかったんだろう。今はそのことばかり考えているんだ」

「なあ、シャー、今は何も考えない方がいいぜ」僕は彼に言った。「どうしてだろうなんて考えても、最終的には分からないと思うんだ。女が考えていることなんて、男に分かるはず無いんだ。だから今はただ、悲しむだけだよ。何カ月かかるか分からないけど、ちゃんと悲しめば、いつか痛みも引いていくよ。使い古された言葉だけど、時間が全てを解決してくれるよ。ある朝、目を覚ましたら、もう悲しんでいない自分に絶対会えるからさ」

彼は「分かった、頑張るよ」と言って電話を切ったが、全然納得していないようだった。

ここで僕が言いたいのは二つのことだ。一つは、

女にフラれたら、未練がましいことをしたり、何とかヨリを戻そうとジタバタしたりしないで、

27

MEN & WOMEN

ただ悲しむことに専念することだ。

朝起きて悲しかったら、シャワーを浴びながら泣くだけ泣いて、昼に悲しくなったら、車の中で泣いて（第三京浜とか首都高で泣くことをお勧めする）、夜に泣きたくなったら、ジンかウィスキーでも飲んで、一人ベッドの中で泣く。これを三カ月、四カ月、五カ月とやっていけば、絶対に痛みは引いていく。それは僕が保証する。

一番いけないのは、女を恨んだり、しつこく付きまとったり、ストーカーまがいなことをすることだ。こういうことをする奴は、最低な男だ。

もう一つは、これは他の項でも言ったが、

女を理解出来るなんて思わないことだ。

男には女性という生き物の謎を解き明かす脳ミソが備わっていないのだ。

僕はヘレナ・ローランドという女性が書いたこんな言葉が好きだ。

「男と幸せになるには彼のことをいっぱい理解してあげて、少しだけ愛してあげること。女と幸せになるには彼女のことをいっぱい愛してあげて、理解しようなんて思わないこと」

ヘレナ・ローランドが誰なのか、いくら調べても分からなかったが、これは的を得た発言だと思う。

僕は今まで、数多くの女性と付き合ってきたけど、誰一人として完全に理解出来たとは思っていない。女って急に理由もなく怒り始めるし、急に過去の過ち（もちろん僕の）について言及し始めるし、何もしていないのにラブラブになるし、毎月やってきて、それによって機嫌が悪くなったり感情的になったりするくせに、毎回自分の生理のことを忘れてしまうし、急にエッチになるし、急に頭痛がしたからしたくないのと言うし、訳が分からないことが多いのだ。

僕には今、16歳になる娘がいて、小学生までは愛の塊のような存在で、ただ愛し

27

MEN & WOMEN

てあげれば良かったのだけど、10歳になった頃からだんだん分からなくなってきて、16歳になった今ではほとんど宇宙人だ。

だから、僕は女性を理解出来るなんて大それた考えは持たないようにしている。いや、理解しようと努力することは大切だと思うし、そうすることによって、少しは分かることも出てくると信じている。でも、根本的には、永遠に理解出来ない、宇宙人だと思うことが一番だ。僕達男に出来ることは、そんな素晴らしい宇宙人と如何に上手く、楽しく付き合っていくか、常に考えていくことだ。

息子のシャーも、いつかはそう思えるようになればいいなと、僕は願っている。

28

MEN & WOMEN

求愛は男女平等でやろう。

僕はオーストラリアに16年いて、その間に付き合った女性の半分ぐらいには向こうから「付き合わない？」と言われて付き合うようになった。これって、男にとっては良い話だと思わない？　思うよね。

この話を日本の男友達にすると「いいなぁ、僕もオーストラリアに行きてえな」みたいなことをみな言うんだ。でも、「じゃあ、日本の女の子が同じこと言ったらどうする？」と僕が聞くと、「う〜ん、それはちょっとな」と口ごもる。

男をナンパする日本人女性はチープな遊び人、という固定観念に縛られているんだね。こういうダブルスタンダードがあるから日本では恋人のいない男女が多かったり、合コンや婚活パーティーなど、ヘンテコリンな習慣を必要としているんだ

と思う。

日本の女性はどんどん強くなっているんだから、そろそろナンパも男女平等な儀式にするべきだと僕は思う。

それに、日本では年々、女性的な男が増えていると聞く。それなら男が女性に「抱かしてくれ」じゃなくて、「抱いて」と言うフレーズを吐くのもそろそろありなんじゃないかなと僕は思うんだよね。

SAVOR THE TASTE OF LOVE

人間、人生に一回ぐらいは
恋に狂ったほうがいいぜ。
それもなるべく早い方がいい。

29
MEN & WOMEN

僕が恋に狂ったのは初恋の時だった。彼女は日本とアメリカのハーフで、恋のゲームの達人だった。僕はうぶな高校二年生で、恋に関してはずぶの素人だった。初めのうちは相思相愛の素晴らしい関係だったけど、僕は次第に彼女との恋の駆け引きに負けて、メロメロになった。ジェラシー、疑心暗鬼、束縛したい衝動、不安、自己嫌悪、依存、恋の押し売り、全部を一遍に経験して、何がなんだか分からなくなった。そんな僕のことを彼女はだんだん鬱陶しく思うようになったらしく、みるみる冷たくなっていった。僕はヤバイと思い、東京の調布にある彼女の学校に転校までした。何とか彼女を引き留めて、もう一度、僕を愛して欲しいと必死だったのだ。でも、転校したその日にフラれた。

それから数カ月は地獄のような日々だった。学校へ行けば彼女を嫌でも見てしまうのだが、彼女はもう、僕には目も向けない。一人でとぼとぼと町を彷徨い、気絶するぐらい酒を飲んだ。女友達の肩を借りて、涙が枯れるまで泣いた。ジェラシーに狂って、部屋の中の物を全てぶっ壊した。そしてそれから二年間ぐらいは、女性に心を開くことが出来なかった。もう一度誰かを愛して、傷付けられるのが怖かったのだ。正常に戻るまでにはかなりの時間を要した。

でも、僕はこの経験から色々なことを学んだ。どんなに人を純粋に愛しても、恋にはある程度の駆け引きが必要なこと。相手の気持ちを読んで、恋の押し売りをしないこと。ジェラシーという底なし沼には、何が何でもハマらないこと。傷ついてのたうちまわることは、決して格好悪いことではないということ。どんなに傷付いても、心を閉ざさないこと。一つの恋を、全ての恋の基準にしないこと。どんな苦しい失恋をしても、ちゃんと悲しみを感じていれば、時が必ず癒してくれると言うことを。

こういう経験を、18歳の時にすることが出来て、僕は物凄くラッキーだったと思う。いい大人になって下手に恋に狂ったりすると、人によっては制御が効かなくなる。ストーカーとか、嫉妬で殺人を犯したりするのは、そういう奴に多いのだと思う。まだまだ心が成熟していなくて、相手の気持ちを理解したり、自分の感情を抑えたり、コントロールすることが出来ないのだ。

だから悪いことは言わない。恋に狂うのは、一日でも早い方が良い。

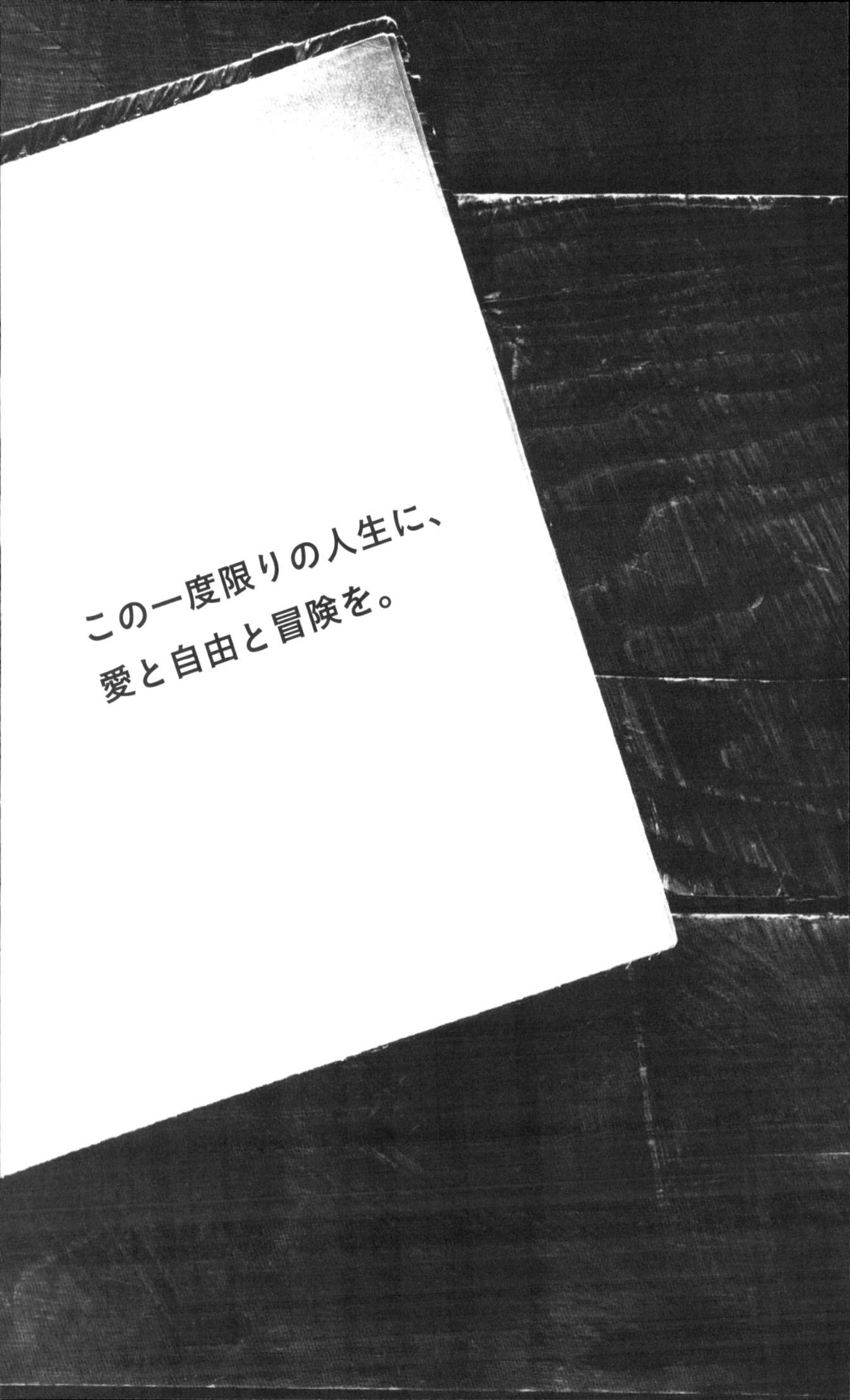
この一度限りの人生に、
愛と自由と冒険を。

CHAPTER 5
TRAVEL

DON'T WASTE YOUR TIME TRYING TO FIND YOURSELF

自分探しなんてのは時間の無駄だ。

30

TRAVEL

僕は大学を卒業するとすぐ、旧東ドイツの船に乗って自分探しの旅に出た。

当時の僕は自分の未来に不安を感じていて、作家になろうと思っていながら何も書けなくて、自分が誰なのか全然分からなくて、落ち込んでいたからだ。早く日本を脱出して、自分が誰なのかを発見して、元気になりたかった。

でも、元気になんか全然ならなかった。

シンガポールのヒッピーカフェで甘いチャイを飲んでいても、バリ島のウブッドの屋台でナシゴレンを食べていても、オーストラリアのアウトバックを旅していても、常に自分のことばかり考えていて、考えれば考えるほど、自分が誰だか分からなくなっていったし、周りの人間や景色も見えなくなっていった。

端から見たら、さぞかし優柔不断で頭でっかちで心の閉ざされた人間に見えただろうなと思う。

自分を発見するんだ、と気張ってばかりいて、全然旅を楽しむことが出来なかった。人に対してもまったくオープンになれなかった。

結局、自分が自分を探すなんてのは、犬が自分の尻尾を噛もうとしてグルグル回るようなものだ。いくら早く回っても、噛めないものは噛めないんだよね。

もちろん、自分について色々考えたり、自分の行く道を模索することは悪いことじゃないし、そのために旅に出るのも間違いではないよ。

ポイントは、旅に出たら一旦自分のことを考えるのを止めて、旅そのものを楽しむことなんだ。

自分が模索しているものはもう分かっているわけだから、それは一度、心の中に仕舞って、人との出会いを楽しんだり、辺りの景色を愛でたり、食事をエンジョイしながら、旅に身を投じることさ。

そうやってリラックスして周りに目をやって旅を楽しんでいると、自分の感触のようなものが掴めてくるんだ。あっ、オレはこういうことがしたかったんだとか、こっちの方向へ進んで行きたかったんだとか、我慢ばかりしていないで、もっと好きな事をやっていこう、とかね。

暗い部屋に閉じこもって自分の内面を覗こうとするよりは、どこか見晴らしの良い所で美しい夕焼けを見ながら感動する方が、よっぽど自分のことが分かってくるんだよね。

人間の品格の根底にあるものは、他人に対する優しさだ。

もう随分前のことになるけど、日本人の品格に関する本がベストセラーになった。覚えている人も多いと思う。

作者は色々な例を挙げて日本人の民度の高さについて語っていたので、今ここで彼のセオリーを簡略化して否定したり攻撃するつもりはない。

確かに日本は世界でも群を抜いて民度の高い国の一つだと思う。3・11の東日本大震災の時のことだけをとってもそれは明白だ。

震災現場では、本当に大勢の人が命を張って人命救助にあたった話が、後にぞくぞくと報じられた。避難場所での過酷な状況の中、人々は文句一つ言わず食事や援助物資の列に並んだり、苦境に耐えたと聞く。

31

TRAVEL

東京などでの帰宅難民の素行にも、目を見張るものがあった。人々は黙々と、割り込むこともなく、バスやタクシーや公衆電話の前に並び、帰路に就いた人々も秩序を乱すことなく、混雑した夜道をストイックに歩き続けた。このシーンは、今でも僕の目に焼き付いている。日本人はやっぱりスゴイなと思った。僕は自分の国を心の底から誇りに思った。これがアメリカや南米、中南米の大都市だったら、絶対に暴動とか略奪とか集団レイプとかが横行したと思う。

もちろん、日本のこの秩序の良さには、日本には移民が少ないことや、貧富の差が他国よりも小さかったり、国家的なレベルでの長い人種差別の歴史がなかったりという要因はある。

日本人は小さい時からガチガチに管理されていて、蟻のように組織の中で従順に行動するように出来ているから、彼らの統率のとれた行儀の良い行動は、美徳でも秩序の良さでもなんでもない、なんてケチをつける奴もいるが、これはナンセンスだと僕は思う。管理されていようがいまいが、紳士的で道徳的な行動を取ることのどこがいけないんだよ。日本人が管理されているかいないかっていうのはまた別の問題で、震災のような時にパニックしないで和を乱すことなく、冷静に行動出来ることは素晴らしいことだってちゃんと認めるべきだ。

もちろん、空き家になった福島の家に空き巣に入る奴がいたり、復興活動に便乗した詐欺が横行したりと、日本にも悪い奴はいないわけではない。原発事故後の東京電力や政府の対応にも、首を傾げたくなることは山ほどある。でも、そういうことを考慮しても、日本は総合的にスゴイと思う。

話を元に戻すが、僕がこの日本人の品格の高さを謳い上げた本に一つ異を唱えるとしたら、作者が日本の品格の高さを他国と比較して語っていることだ。

品格について語るなら、別に他の国を例に挙げて語る必要はない、と僕は思う。そういうことをすること自体、品格に欠けているんじゃないかなと。

作者は日本の民度の高さの土台を作っているのは日本の武士道だと言っている。それは確かにそうかもしれない。でも、よその国にも人間性を向上させる文化や騎士道みたいなものはあるし、そもそも品格というものは世界のどこにでも存在するもので、決して日本のモノポリーではないんだ。

では、そもそも品格というものは一体なんなのか、という話になるが、それはひとえに、他人を思いやる優しさだと僕は思う。

人との対話を重んじる気骨

他者に対しての

気配り

旅人に対するもてなしの心

弱者をいたわる精神

敵を許す
寛大さ

異文化や他国の宗教や
文化に対する寛容さ

家族や友だちや仕事仲間に対する思いやり

人を愛す心

そういう美徳を総合したものを、僕は優しさと呼ぶ。

僕は今まで、多くの国を旅してきたけど、社会的地位や職業や金があるない関係なく、気品のある優しい人間はどこにでもいた。国としては貧しかったり、インフラが整っていなかったり、電車がいつも遅れたり、トイレが失神するほど汚かったり、人が驚くほど時間にルーズだったり、衛生状態が極悪だったりしても、気さくで気立てが優しくて、温かいハートを持った人々がいれば、そこは僕にとっては最高な場所だ。

9・11の同時多発テロの後、悪の巣窟のように思われていたアフガニスタンへも、僕は1967年に旅をした。そして、そこでも心優しい人達に大勢出会った。アメリカがカブールを爆撃した時は、そういう人達の顔が脳裏をかすめ、心が痛かった。逆に、数年前にアメリカに行った時、シアトルの空港の税関職員や警備員や諸々の職員達の対応があまりにも横柄で殺気立っていて、この国はいったいどうなっちまったんだと、憤りを感じた。

その時、税関手続きを終えて、金の両替をしたのだが、そこのインド系のおばさんの対応がびっくりするぐらい優しかったので、救われた気がした。

31 TRAVEL

これから旅に出る人達にも、国の発展具合とか、経済状況とか、衛生状態とか、電車が時間通り来るとか来ないとか、そういうことよりも、そこに暮らす人々の笑顔や気配り、優しさに触れて、その国の真の評価をしてもらいたいと思う。

そういう観点から国や国民のことを考えていくと、日本がこれからどんな国になっていくべきなのか、どんな方向へと進んでいくべきか、もっと明快に見えてくると僕は思うんだ。

旅先の国を知る上で一番良いツールは、そこを舞台にした小説だ。

「外国を放浪する時、旅先の国のことをどのくらい知っておくべきでしょうか？」

という質問をよくされる。

そりゃ、知っていればいるほど良いことなのだけど、色々な国を渡り歩いて行く時は、他国のことをそれほど詳しく勉強する余裕はないかもしれない。

そういう人へのアドバイスは、『地球の歩き方』などのガイドブックにも、その国の文化や風習や歴史が端的に書かれているので、それだけでも読んでおくことだ。

例えばモロッコやチュニジアやサウジアラビアなどのイスラム国家のガイドブックには必ずその国特有の戒律や習わしについて書かれているし、インドのガイドブックにはヒンズー教について知っておくべきことが記されている。こういったミ

32

TRAVEL

ニ情報を知っておくだけでも旅はより深いものになるし、現地の人々とのコミュニケーションもより円滑に運ぶし、様々な危険を回避することへも繋がる。

ミニ情報以上のことを知りたい人にはフランスのガリマール社の紀行本を翻訳した『望遠卿』シリーズを勧める。このシリーズはタイやモロッコなどの国や、フィレンツェやイスタンブール、ヴェネツィアやプラハといった都市を取り上げ、ホテルやレストランや交通機関などの情報とともに、その土地の自然、歴史、言語、民族、宗教、工芸、建築、音楽、芸術、文学といったものも詳しく、聡明に解説しているので、読み物としても十分に楽しめる。その土地を理解するにはとても便利なガイドブックだ。

でも、国や土地や都市を理解する上で一番良いツールは何と言っても、渡航先を舞台や題材にした小説やエッセイ、詩集、旅行記や滞在記だ。

例えばギリシャに行く人の多くはギリシャの近代作家、ニコス・カザンツァキスの『その男ゾルバ』という小説を読んでいくみたいだが、彼はこの他にもたくさんの小説や紀行本やエッセイを書いているので、『ゾルバ』の後にそれらを読むことを勧める。

また、ギリシャならホメロスの『イリアス』や『オデッセイヤ』、ヘロドトスの『歴史』を読むのも良いし、セフェリスやカヴァフィスといった近代詩人の詩集、ローレンス・ダレルやヘンリー・ミラーなど、ギリシャを愛し、ギリシャで暮らした異邦人作家達の旅行記、滞在記を読むのも面白い。

こんな感じで僕はモロッコへ行った時は、モロッコの現代作家のタハール・ベン・ジェルーンの『不在者の祈り』や、モロッコに長く暮らしたアメリカの作家ポール・ボウルスの『シェルタリング・スカイ』や『蜘蛛の家』といった小説を持っていって現地で読んだ。イタリアへ行った時は村上春樹の紀行・滞在記『遠い太鼓』と須賀敦子のエッセイ集などを持って行った。

その国や地域の空気、匂い、文化、歴史、人々の在り方、人情や世界観などを一番繊細に、内側から捉えているのはやはりその地を肌で知っている作家であり、彼らの著書はどんなガイドブックや参考書よりもためになるし、面白い。

だから、もし君がこれからトルコへ行くとしたら、そう、オルハン・パムク、チリならパブロ・ネルーダとイザベル・アジェンデ、コロンビアならガルシア＝マルケス、ポルトガルならフェルナンド・ペソアとアントニオ・タブッキなど、その国の文豪の代表的な作品を読むことをお勧めする。

どんな所へ行っても、旅は優雅にいこうぜ。

僕は今まで50以上の国や地域を旅してきたけど、どんな所へ行っても、どんなタイプの旅をしていても、なるべく優雅に、堂々と、自分のスタイルを崩さないで旅することを信条としている。

でも、若い時はそうも出来なかった時もあったね。

例えば、僕は高校を卒業してすぐに日本を飛び出して半年ほど世界を彷徨ったんだけど、その時はスゴイ貧乏旅行だったんで、節約することばかり考えていた。これはこれである程度仕方がないことだったんだけど、知らないうちに心まで貧乏になっていたんだね。

ある日、旧ユーゴスラビアをヒッチハイクしていた時、二日間ほど車に乗せてく

33

TRAVEL

れたギリシャ系のアメリカ人のおっさんが僕に「これが最後なんだから、一緒にメシを食おう」と誘ってくれた。でも彼が入ろうとしていた店が高そうなレストランだったので、「いや、僕は遠慮しときます」と断ったんだ。そしたら彼、「これはオレの奢りだから、遠慮しないで付いて来い」と言って、その店で美味い物をたらふく食わしてくれた。そして、食後のコーヒーを啜りながら、彼はこんなことを僕に言った。

「オレはお前のことを二日間見てきたけど、お前は貧乏クサすぎる。メシの時はバナナしか食わないし、コーヒーに誘ってもいつも遠慮する。それじゃダメだ。バナナだけでは体力がつかないし、この国ならバナナのほんの倍ぐらいの値段で美味いサンドイッチを買うことが出来る。コーヒーだって大した額じゃない。

貧乏旅行もいいけど、たまには優雅にコーヒーを飲みながら、道行く人を観察したり、本を読んだりしないと、心まで貧乏になっちまうぜ。

お前は世界を見るために旅をしているんだろ。金の心配ばかりしていたら、見えるものも見えなくなるぜ」

彼の話を聞いて、目からうろこが三つも四つも落ちたね。確かに彼の言う通りだった。僕は金の心配をするあまり、見えるものも見えなくなっていたし、心まで貧乏になっていた。心に余裕が持てなくなっていたんだね。だからそれからの僕は行く先々で安くて美味いものを探し求め、その過程で面白いモノもいっぱい発見したし、一日に一回はカフェやチャイハネに入って、優雅なひとときを過ごすようになった。すると、思ったとおり、それからの旅はずっと楽しくて豊かなものになった。

僕はそれから大人になって、4スターや5スターの高級ホテルにも泊まれるようになったけど、こういう所では場所に負けてしまっている人間を多く見てきた。由緒あるホテルの中にはそこに流れるムードがやたら重々しかったり、スタッフの態度がびっくりするぐらい横柄だったり威圧的だったりすることがあるけど、この重圧感に圧倒されて、委縮しちゃう人間って結構いるんだよね。僕が見た限りでは、日本人にこういう人が多いね。だからホテルによっては日本人の客だけ、グレードの一番低い部屋を提供する所もあるって話を聞いたし、実際にそういうホテルには僕も何回か遭遇した。

33

TRAVEL

旅人が忘れてはいけないのは、そこがどんなに由緒あるホテルであろうと、そこでは自分が客なんだってことだよね。堂々としていていいし、心ゆくまでリラックスしていいんだ。もちろん、威張ったり下品な態度を取るのは言わずもがなだけど、客にはそこで最高のサービスを受けて、居心地のいい時間を過ごす権利があるんだ。だから僕は部屋が期待に反してお粗末だったり、サービスが悪かったり、スタッフの態度が横柄だったりしたら、しっかりと抗議する。英語が出来るホテルではもちろんのこと、英語が出来ない所でも、何とか自分の意思を伝えて相手が分かるように抗議するんだ。そうすると、ほとんどの場合、ホテル側の態度は一変して、部屋をグレードアップしてくれたり、サービスも丁寧になる。「あいつはうるさい客だから、怒らせないように気をつけようぜ」みたいなことを言われているかもしれないけど、サービスや態度が良くなれば、それでいいんだ。

要は、どんな所にいようが、どんなタイプの旅をしていようが、優雅に、リラックスして過ごすことだよね。

旅人の中にはある一定のスタンダードの旅しか出来ないっていう人もいるけど、これもどうかなと思う。そこが超高級ホテルであろうと、バックパッカー用のロッジであろうと、砂漠の中のテントであろうと、優雅に、楽しく過ごせるのが優れた旅人だと僕は思うんだ。

僕と僕の奥さんは新婚旅行にモロッコをレンタカーで縦断したんだけど、マラケシュではマムーニアっていう4スターホテルでリッチな時間を三日間過ごし、その翌日にはトドゥラ渓谷にある、一泊800円ぐらいのロッジに泊まった。部屋はもちろんお粗末だったし、シャワーからは水しか出なかったけど、そこでは大きなテントの中で夕食を食べ、目の前に流れる小川のせせらぎに耳を傾け、気持ち的には同じぐらいリッチな時間を過ごすことが出来た。

こういう旅が最高なんだよね。

二回目にモロッコを旅した時は、旅慣れた男友達二人としたんだけど、初日の夜にはもうすっかりアットホームな気分になって、エッサウィーラという港町の怪しげなアラブ風レストランでチャイを啜りながらバックギャモンのゲームに興じ、そこのウェイターと友達になっていた。こういう旅慣れた仲間と道中を共にすることほど楽しいことはないなと思って、幸せな気分に包まれたのを、今でもハッキリと覚えているね。

33 TRAVEL

旅に出ると、予期せぬ出来事に遭遇したり、長い間待たされたり、居心地の悪い思いをしたり、危険な目にあったり、想像も出来ない事態に陥ったりすることがあるけど、どんな時にでも、落ち着いて、心に余裕を持って、ユーモアのセンスを忘れないで、なるべく周りに溶け込んで、必要な時には俊敏に立ち回り、堂々と、そして優雅に旅をする気持ちを持ってすれば、ネガティブな状況も、あっという間にポジティブなものになり、日常ではあり得ないような貴重な経験を我々にもたらしてくれること間違いないと、僕は思っているんだ。

旅はおかしくなった自分の価値観を修正するチャンスだ。

東京に住んでいると、僕は、やたら物が欲しくなるんだよね。

先日、原宿駅からレコーディング・スタジオのある南青山まで歩いたんだけど、ブティックや雑貨屋を通り過ぎる度に服だの靴だのバッグだの、買いたいものが次から次に目に飛び込んできて、嫌になったね。

別に物を買うことが悪いと言っているんじゃないけど、僕は服も靴もバッグも山ほど持ってるし、ただの消費バカになってる自分が嫌なんだ。

僕みたいにメディアの仕事をしていると、特に誘惑が多い気がするね。DJの誰それがポルシェを買ったから、僕も買いたいなとか、昨日インタビューした誰それが持ってるボッテガ・ヴェネタのバッグ、僕も欲しいなとか、そんな思いに惑わさ

34

TRAVEL

れたりするんだよね。バカだよね。そんな時は、オレもただの物欲人間じゃねえかと、自分をなじったりするんだ。

こういう時は旅に出るのが一番。

特にバリ島だとかモロッコだとか、開発途上国をふらつくのがいいね。アトラス山脈の名もない村の人々の営みを観察したり、バンコクの道端に幼い子供と横たわっている貧しい人々を目の当たりにしたりすると、目が覚めた思いがする。オレはなんて贅沢な暮しをしてるんだ、バカじゃねえか、と我に帰るんだ。

数年前、モロッコのサハラ砂漠の近くの町で、ガイドの男の家に招待されて、彼の家族と食事を共にしたんだけど、その時は「そうだよな、本当の幸せってのは、こうやって親しい人間と素朴だけど美味しい食事をシェアして、夕焼けを見上げてその美しさに感動して、ちょっとした冗談を言って笑って…これが生きてることの本当の醍醐味だよな」と魂が洗われた気持ちになった。

こういう経験をして日本に帰ると、価値観がまた正常な状態に戻っている自分がいるんだ。いい旅はこんな感じに、心をリセットしてくれるんだ。素晴らしいぜ。

もちろん、旅に出ないと正常に戻れない自分も情けないなとは思うんだけどね。

EPILOGUE

最近はトークショーに呼ばれることが多くなった。会場はカフェからレストラン、小さな劇場、ブックショップ、カルチャースクールとまちまちだ。観客は若い人が多いけど、それでも40代、50代、60代の人達も来てくれる。話す内容は旅からライフスタイル、恋愛、映画、文学、異文化、コミュニケーションと様々だが、みんなが本当に興味があるのは、僕がどういう信念や思いを持って旅をしたり仕事をしたり恋をしたりしてきたのかという、根源的なことのようだ。つまり、僕の話を通して、人間とはどんなスタンスを持って、どんな夢を求めて生きていけばいいんだということを、来る人の一人ひとりが模索しているのだと思う。

それだけ今の時代はカオスの時代だ。今の日本の社会には終身雇用もなくなりつつあるし、将来の保証もないし、仕事の安定性もない。学生から社会人から定年を迎えようとしている人まで、多くの人が暗中模索の日々を送っているのだと思う。そして、そんな日々の中、人は如何に自分にリスペクトを持って、どんなスタイルを貫いて、どんな信条を持って生きていけばいいのか、思いを巡らせているのだと思う。

そういうことは学校でも、社会人になっても、誰も教えてくれないからだ。

僕は別に何かに卓越した人間ではないし、人に普遍的な哲学を提示出来るようなインテリジェンスを持っているわけでもない。ただ何となく、風に吹かれるままに、こっちへ行ったりあっちへ行ったりしながら、時にはがむしゃらに、時にはマイペースでのんびりと、何とかサバイブしてきた人間だ。

でも、そんな道のりの中、僕は様々な世界に首を突っ込み、たくさんの素晴らしい出会いに恵まれ、多くの恋と失恋を経験し、数え切れないほどの挫折と成功を味わい、時には運命を呪い、時には幸運の女神に感謝しながら、自分なりの生き様を模索してきた。

「旅の楽しみの半分は、道に迷う美学である」とアメリカのSF作家のレイ・ブラッドベリは言っているけど、僕は何度も道に迷いながら、自分が貫くべきスタイルやスタンスについて、人間としての心の持ち方や、真の格好良さについて、色々と思いを巡らしてきた。そしてその過程で、如何にオープンで、寛容で、優しい人間でいることが大事なことなのかということを学んできた。その意味に於いて、僕の今までの人生は、恵みに満ちたものだったと思う。

そんな僕の経験と、そこから抽出した諸々のものが、少しでも人の役に立てるのであれば、少しでも人に元気と勇気を与えられるのであれば、僕は喜んでそのことを語り、文章に綴っていきたいと思っている。

僕が書いてきた今までの本とは違い、この本では喋り口調で、時には「こうした方がいい、ああした方がいい」と断言的に言葉を紡いできたが、それは僕が最近やっているトークの口調でこの本を書きたいと思ったからであって、決して上から目線で自分の意見を説こうとしているわけではない。僕は歳もそこそこ食っているし、経験値だけは豊富だけど、自分のことは未だに18歳ぐらいにしか思っていない。大人の威厳というものがどういうものなのか、僕は未だによく分からないのだ。だからここに綴った僕なりの思いや考えを素直に受け止めてくれて、それが少しでも勇気や元気の元になってくれたら、僕は嬉しい。

最後に、この本の半分をバンコクのホテルの中で、後の半分はこの本の版元の出版社が経営する渋谷のシーシャ・バーで書いたのだが、これが思いもよらず、理想的で、とても効率的な執筆環境となった。とは言っても、バンコクの旅の滑り出しは最悪で、一緒に行くはずだったこの本の発行人がまさかの寝坊。成田で飛行機に乗り込む寸前に彼から電話がかかってきて「まずは、おはようございます。

そして、えっと、大変なことになりまして、今、目が覚めました。航空券を確認したところ、どうやら11時起床ではなく、11時出発って記載されていました。そんなわけで、100%、フライトに間に合いません…」と言うではないか。結局、行ったこともないバンコクのアラブ人街で夜中近くまでほったらかしにされる羽目になったのだが、これはこれでちょっとした冒険になったし、遅れてやって来た彼とは、それからバンコクの街で楽しい時間を過ごすことが出来た。執筆の後半を過ごした彼の経営するシーシャ・バーはいつも客で満席状態にあったが、それにもかかわらず、なぜかそこは僕にとって最高に楽しく、刺激的な執筆環境になった。だからここで、飛行機に乗り遅れた発行人と、バンコクや渋谷のシーシャ・バーで僕にフレンドリーに話しかけ、執筆を励ましてくれた全ての人間に感謝の言葉を贈りたい。Ｔｈａｎｋ ｙｏｕ. コープクン・クラッ。ありがとう。

ロバート・ハリス

渋谷宇田川町店 tel 03-3461-1063

〒150-0042 東京都渋谷区宇田川町 4-10
ゴールデンビル 1F
営業時間 14:00 〜 1:00（日曜日〜木曜日、祝日）
14:00 〜 始発（金曜日〜土曜日、祝前日）

渋谷駅前店 tel 03-6455-3421

〒150-0043 東京都渋谷区道玄坂 2-8-9 市橋ビル 3F
営業時間 16:00 〜 3:00（月曜日〜木曜日）
16:00 〜 始発（金曜日、祝前日）
14:00 〜 始発（土曜日）
14:00 〜 3:00（日曜日、祝日）

渋谷道玄坂店 tel 03-6427-0249

〒150-0043 東京都渋谷区道玄坂 2-28-5
SUN・J ビル 6F
営業時間 14:00 〜 1:00（日曜日〜木曜日、祝日）
14:00 〜 始発（金曜日〜土曜日、祝前日）

VIP 渋谷店 tel 03-6809-0949

〒150-0042 東京都渋谷区宇田川町 34-6 M&I ビル 1F
営業時間 15:00 〜 2:00（月曜日〜木曜日）
15:00 〜 始発（金曜日、祝前日）
14:00 〜 始発（土曜日）
14:00 〜 2:00（日曜日、祝日）

下北沢店 tel 03-3411-3955

〒155-0031 東京都世田谷区北沢 2-18-5 北沢ビル 2F
営業時間 14:00 〜 1:00（月曜日〜木曜日）
14:00 〜 始発（金曜日、祝前日）
12:00 〜 始発（土曜日）
12:00 〜 1:00（日曜日、祝日）

吉祥寺店 tel 0422-26-8781

〒180-0003 東京都武蔵野市吉祥寺南町 1-1-3 イケダビル 4F
営業時間 16:00 〜 3:00（月曜日〜木曜日）
16:00 〜 始発（金曜日、祝前日）
14:00 〜 始発（土曜日）
14:00 〜 3:00（日曜日、祝日）

世界を50年間も放浪し続け学んだ
COOLで自由な人生哲学

2015 年 5 月 12 日　初版発行

著者　ロバート・ハリス

発行者　北里洋平

デザイン　永野久美

発行／株式会社 NORTH VILLAGE
〒 180-0003　東京都武蔵野市南町 1-1-3 イケダビル 4F
TEL 0422-26-8781 ／ FAX 0422-26-8782
http://www.northvillage.asia

発売／サンクチュアリ出版
〒 151-0051　東京都渋谷区千駄ヶ谷 2-38-1
TEL 03-5775-5192 ／ FAX 03-5775-5193

印刷・製本　創栄図書印刷株式会社
ISBN 978-4-86113-373-2
PRINTED IN JAPAN

定価およびISBNコードはカバーに記載してあります。落丁本・乱丁本は送料弊社負担にてお取り替えいたします。